AF740965

www.ingramcontent.com/pod-product-compliance
Lightning Source LLC
LaVergne TN
LVHW010059061026
849532LV00007BA/2737

9789358726688

دہلی والے

(مضامین)

شاہد احمد دہلوی

Dehli waale *(Essays)*

by: Shahid Ahmad Dehlvi

Edition: October '2024

Publisher :

Taemeer Publications LLC (Michigan, USA / Hyderabad, India)

ISBN 978-93-5872-668-8

کتاب	:	**دہلی والے** (مضامین)
مصنف	:	**شاہد احمد دہلوی**
صنف	:	غیر افسانوی نثر
ناشر	:	تعمیر پبلی کیشنز (حیدرآباد، انڈیا)
سالِ اشاعت	:	۲۰۲۴ء
صفحات	:	۹۶
سرورق ڈیزائن	:	تعمیر ویب ڈیزائن

فہرست

دلی کا آخری تاجدار

مرزا غالب نے کہا ہے:

شمع بجھتی ہے تو اس میں سے دھواں اٹھتا ہے

یہی حال مغلیہ سلطنت کا بھی ہوا۔ آخری وقت کچھ اس طرح کا دھواں اٹھا کہ ساری محفل سیاہ پوش ہو گئی۔

یوں تو اورنگ زیب کے بعد ہی اس عظیم الشان مغلیہ سلطنت میں انحطاط کے آثار پیدا ہو چکے تھے لیکن ان کے بعد تو وہ افراتفری اور بیر اکھیری پھیلی کہ بادشاہ صرف نام کے بادشاہ رہ گئے۔ محمد شاہ رنگیلے "پیا" کہلائے۔ ان کے عہد میں در و دیوار سے نغمے برستے اور شعر و شاعری کے اکھاڑے جمتے۔ نعمت خاں سدا رنگ انہی کے دربار کا بین کار اور کلاونت تھا جس نے دھرپد کے مقابلے میں خیال کی گائیکی کو فروغ دیا۔ آج تک گویے اس کے نام پر کان پکڑتے ہیں، ولی آپنا دیوان لے کر انہی کے زمانے میں دلّی آئے تھے اور ان ہی کے دربار میں انہوں نے اپنے طالع چمکائے تھے۔

گھر گھر شعر اور موسیقی کا چرچا تھا۔ بادشاہ کو دوم ڈھاڑیوں نے باور کرا دیا تھا کہ آدمی تیر تلوار کا مارا بھی مرتا ہے اور تان تلوار کا بھی۔ لہٰذا ایک فوج گویوں کی بھی تیار کر لی گئی تھی۔ ان رنگ رلیوں میں تلواریں لہو چاٹنا بھول گئیں اور نیاموں میں پڑے پڑے سو گئیں۔ نادر شاہ نے اس موقع کو غنیمت جانا اور قہر و غضب کی آندھی بن کر دلی کی

طرف جھپٹا۔ پرچہ لگا کہ نادر شاہ دلی کے قریب آپہنچا۔ گویوں کی فوج مقابلے کے لیے بھیج دی گئی۔ نادر شاہ کے جانگلو محمد شاہی فوجیوں کی بغلوں میں بڑے بڑے طنبورے دیکھ کر پہلے توڈرے کہ خدا جانے یہ کیا ہتھیار ہے مگر جب جاسوسوں نے بھانڈا پھوڑا کہ یہ ہتھیار نہیں، ایک ساز ہے، تو دم کے دم میں انہوں نے محمد شاہی فوج کو کھیرے ککڑی کی طرح کاٹ کر ڈال دیا۔ نادر شاہ نے دھڑی دھڑی کر کے دلی کو لوٹا اور دلی کھک ہو گئی۔ قتل عام کیا تو ایسا کہ گھوڑوں کے سم خون میں ڈوب گئے۔ آخر وزیر باتدبیر بوڑھے نظام الملک کو نادری جلال فرو کرنے کے لیے نادر شاہ کی خدمت میں حاضر ہو کر کہنا پڑا کہ

کسے نہ ماند کہ دیگر بہ تیغ ناز کشی
مگر تو زندہ کنی خلق راو باز کشی

نادر شاہ لوٹ لاٹ کابل چلا گیا، اور اپنے ساتھ شاہجہانی تخت طاؤس بھی لے گیا۔ شاہ عالم ثانی کی آنکھیں روہیلے نے نکالیں۔ بادشاہ آنکھوں کے ساتھ ساتھ عقل کے بھی اندھے ہو گئے۔ ان کے درباریوں نے انہیں یقین دلایا کہ حضور والا بیٹھے بیٹھے ایک دم سے غائب ہو جایا کرتے ہیں۔ جب چاہتے ہیں دلی سے مکہ مدینہ پہنچ جاتے ہیں۔ ایلو! بادشاہ سلامت بھی یہ سمجھنے لگے کہ واقعی میں مجھ میں یہ کرامت سما گئی ہے۔ پیری مریدی کرنے لگے اور مریدوں کے وظائف مقرر ہونے لگے۔ حکومت تباہ اور خزانے ویران ہو گئے۔ مثل مشہور ہوئی کہ "سلطنت شاہ عالم از دہلی تا پالم۔" یعنی صرف چند میل کی بادشاہت رہ گئی۔ سودا نے اپنے شہر آشوب میں ان کے زمانے کا خاکہ اڑایا۔

اکبر شاہ ثانی جاٹوں کے حملے سے ایسے ناچار ہوئے کہ انگریزوں کے وظیفہ خوار ہو گئے۔ یہی لیل ونہار تھے کہ بہادر شاہ عالم وجود میں آئے۔ بہادر شاہ کی پوری جوانی اور ادھیڑ عمر تخت و تاج کی راہ تکتے بیت گئی۔ اکبر شاہ ثانی کی ایک بیگم تھیں ممتاز محل۔ ان

بیگم کے ایک چہیتے بیٹے تھے مرزا جہانگیر۔ بادشاہ بھی انہیں بہت چاہتے تھے اور انہی کو ولی عہد مقرر کرنا چاہتے تھے مگر مرزا جہانگیر اپنی بے ہودہ حرکتوں سے باز نہ آتے۔ انگریز حاکم اعلیٰ سیٹن کو لولو کہہ دیا۔ اس کی پاداش میں مرزا نظر بند کر کے الہ آباد بھیج دیے گئے۔ یہ ایک الگ قصہ ہے۔

ہاں تو بہادر شاہ ہی ولی عہد رہے اور ایک نہ دو، پورے باسٹھ سال تک ولی عہد رہے۔ جب کسی بادشاہ کا انتقال ہو جاتا تھا تو اس کے مرنے کی خبر مشہور نہیں کرتے تھے، یہ بات کہی جانے لگی تھی کہ "گھی کا کپا لنڈھ گیا۔" خاموشی کے ساتھ میت کو نہلا دھلا کفنا کر قلعہ کے طلاقی دروازے سے جنازہ دفن کرنے بھیج دیا جاتا۔ نوبت نقارے الٹے کر دیے جاتے اور چولہوں پر سے کڑہائیاں اتار دی جاتیں۔ اکبر شاہ ثانی کے وقت تک یہ رسم چلی آتی تھی کہ بادشاہ کے جنازے کو تخت کے آگے لا کے رکھتے تھے۔ دوسرا بادشاہ جو کوئی ہوتا تھا، مردے کے منہ پر پاؤں رکھ کر تخت پر بیٹھتا تھا۔ دوسرے بادشاہ کے تخت پر بیٹھتے ہی شادیانے بجنے لگتے۔ سلامی کی توپیں چلنے لگتیں۔ تب کہیں سب کو معلوم ہوتا کہ بادشاہ مر گیا اور دوسرا بادشاہ تخت پر بیٹھ گیا۔

باسٹھ سال کی عمر میں بہادر شاہ کو تخت نصیب ہوا تو مغلوں کا جلال رخصت ہو رہا تھا اور آفتاب اقبال لب بام آ چکا تھا۔ بہادر شاہ کہنے کو تو بادشاہ تھے لیکن بالکل بے دست و پا تھے۔ فرنگی سرکار کے نمک خوار تھے۔ انہیں اس شرط پر ایک لاکھ روپیہ ماہانہ دیا جاتا تھا کہ ان کے بعد دلی کی شاہی ختم ہو جائے گی اور دلی بھی انگریزی عملداری میں شامل ہو جائے گی۔ لال حویلی کے باہر بادشاہ کا حکم نہیں چلتا تھا اور اگر شہر والوں میں سے کوئی ان کے پاس فریاد لے کر آتا تو بادشاہ اپنی مجبوری ظاہر کر دیتے اور کہتے، "بھئی انگریزوں کی عدالت میں جاؤ۔"

لیکن اس بے بسی کے باوجود دلی والے ہی نہیں باہر والے بھی بادشاہ سے والہانہ عقیدت رکھتے تھے۔ شہر کی بیشتر آبادی لال قلعہ کے متوسلین پر مشتمل تھی۔ شہزادوں اور سلاطین زادوں کے علاوہ امیر امراء اور روسا کا خدم و حشم کیا کم تھا؟ دلی میں، لٹتے لٹتے بھی الغاروں دولت بھری پڑی تھی۔ ڈیوڑھیوں پر ہاتھی جھولتے، تخت رواں، ہوادار، پالکی، نالکی، تام جھام، ہر حویلی میں موجود۔ لاؤ لشکر کا کیا ٹھکانہ! چوب دار، عصا بردار، پیادے، مردھے، کہار، لونڈیاں، باندیاں، وڈّائیں، چھوچھوئیں، مغلانیاں، ترکنیں، حبشنیں، جسولنیاں، قلماقنیاں، خواجہ سرا، دربان، پاسبان، ہر امیر کے ہاں آخور کی بھرتی کی طرح بھرے پڑے تھے۔

سستا سمے، کاروبار خوب چمکے ہوئے، نہ جانے کیسی برکت تھی کہ ہن برستا تھا۔ ایک کماتا اور دس کھاتے۔ اجلے پوشوں تک کے خرچ اجلے تھے۔ رعایا خوش حال اور فارغ البال تھی۔ رہن سہن، ادب آداب، نشست و برخاست، بول چال، رسم و رواج، تیج تہوار، میلے ٹھیلے، سیر تماشے، ان سب میں کچھ ایسا سلیقہ اور قرینہ تھا کہ دلی کی تہذیب ایک مثالی نمونہ سمجھی جاتی تھی۔ یہاں کے ہیروں کی چمک دمک تو آنکھوں میں کبھی کبھی ہی جاتی تھی، باہر سے جو بھی کھڑ آتی یا انگھڑ جواہر پارے آتے، یہاں ان کی تراش خراش کچھ اس انداز سے ہوتی اور اس پر ایسی جلا چڑھتی کہ اس کی چھوٹ سے آنکھیں خیرہ ہونے لگتیں۔ یہاں آکر گونگوں کو زبان مل جاتی، جن کی منقار زیر پر ہوتی وہ ہزار داستاں بن جاتے، جو پر شکستہ ہوتے وہ فلک الافکاک پر پر مارنے لگتے۔ علوم و فنون کے چشمے اس سرزمین سے پھوٹتے اور حکمت و دانش یہاں کی فضا میں گھلتی رہتی۔ غرض ہندوستان کا دل ایک عجیب پر کیف مقام تھا جو بہت کچھ برباد ہو جانے پر بھی جنت بنا ہوا تھا۔

زمانہ چپکے چپکے کروٹ بدل رہا تھا۔ مشرق پر مغرب کی یلغار شروع ہو چکی تھی۔

تہذیب فرنگ کی آندھی چڑھتی چلی آرہی تھی اور مشرقی تہذیب کے چراغ جھلملا رہے تھے۔ یہ دلی کی آخری بہار تھی جس کی گھات میں خزاں لگی ہوئی تھی۔

بہادر شاہ کی حیثیت شاہ شطرنج سے زیادہ نہیں تھی۔ تیموری دبدبہ لال قلعہ میں محصور ہو چکا تھا۔ ملک ملکہ کا تھا، حکم کمپنی بہادر کا چلتا تھا۔ بہادر شاہ کو اپنی بے بسی کا شدت سے احساس تھا مگر وہ اس کا کوئی تدارک نہیں کر سکتے تھے اور تو اور خود ان کے ہاتھ پاؤں ان کے خلاف تھے۔ گھر کے بھیدی لنکا ڈھا رہے تھے۔ ان کی چہیتی بیگم زینت محل مرزا جواں بخت کو ولی عہد بنوانا چاہتی تھی۔ اس سلسلے میں انہوں نے فرنگیوں سے ساز باز کر رکھا تھا۔ بادشاہ کے سمدھی مرزا الٰہی بخش انگریزوں سے جا ملے تھے۔ شاہی طبیب حکیم احسن اللہ خاں انگریزوں کے گماشتے تھے۔

جب ۵۷ء میں غدر پڑا، جو دراصل پہلی جنگ آزادی تھی جو انگریزوں سے لڑی گئی، تو دیسی فوجیں چاروں طرف سے سمٹ کر دلی آنے لگیں اور زبردستی بوڑھے بادشاہ کو اپنا فرمانروا بنا کر فرنگیوں سے لڑنے لگیں، مگر اندر خانے تو دیمک لگی ہوئی تھی۔ کالے خان گول انداز کو جو بارود قلعہ سے بھیجی جاتی وہ بارود نہیں رنگا ہوا بجرا ہوتا۔ پھر دیسی فوج کا کوئی سر دھرا نہیں تھا۔ سب من مانی کر رہے تھے۔ ولی عہد بہادر اپنی چلا رہے تھے۔ انہیں اپنی بادشاہی کے خواب نظر آرہے تھے۔ جنرل بخت خان پہلے تو جی توڑ کر لڑا۔ مگر جب اس نے یہ دیکھا کہ صاحب عالم اس کی چلنے نہیں دیتے تو اپنے آدمیوں کو لے روپوش ہو گیا۔

اقتدار کی خواہش اور محلات کی ریشہ دوانیاں آخری مغل بادشاہ کو لے ڈوبیں۔ جب انگریزوں کی فوجیں دلّی پر چڑھ آئیں اور شہر کے بچنے کی کوئی امید نہ رہی تو بادشاہ لال قلعہ سے نکل کر ہمایوں کے مقبرے میں چلے گئے۔ دلی کو انگریزوں نے فتح کر لیا۔ رعایا تباہ ہو

گئی۔ در بدر خاک بسر۔ جس کے جہاں سینگ سمائے نکل گیا۔ دلی کی اینٹ سے اینٹ بج گئی۔ ہڈسن اپنی فوج کا دستہ لے کر ہمایوں کے مقبرے پہنچا۔ اس کے پہنچنے سے کچھ ہی دیر پہلے جنرل بخت خان نے مقبرے میں آ کر بادشاہ کو بتایا کہ دلی ختم ہو گئی۔ بہتر ہے کہ آپ میرے ساتھ چلیں۔ ہم کسی اور مقام کو اپنا گڑھ بنا کر انگریزوں سے لڑیں گے۔ بادشاہ اس کے ساتھ چلنے پر رضامند بھی ہو گئے مگر انگریزوں کے ہوا خواہوں نے انہیں پھر ہشکا دیا۔ یہ کہہ کر کہ اس پوربئے کا کیا اعتبار؟ یہ آپ کی آڑ میں خود بادشاہ بننا چاہتا ہے۔ بادشاہ پھر ڈھسل گئے۔

انہیں باور کرایا گیا کہ انگریز آپ کی پنشن جاری رکھیں گے اور آپ کی جو نذر بند کر دی گئی ہے اسے بھی کھول دیں گے، اور آپ آرام سے لال قلعہ میں رہیں گے۔ اندھا کیا چاہے؟ دو آنکھیں۔ بادشاہ نے بخت خان کے ساتھ جانے سے انکار کر دیا۔ جنرل بخت خان نے بہت سمجھایا کہ یہ مشورہ نمک حراموں کا ہے۔ ان کا یا فرنگیوں کا کیا اعتبار؟ مگر بادشاہ دو دلے ہو کر رہ گئے اور ہڈسن کا دستہ جب مقبرے میں داخل ہو گیا تو جنرل بخت خاں بادشاہ کو آخری سلام کر کے مقبرے میں سے جمنا کے رخ اتر گیا۔ اس کا پھر کوئی پتہ نہیں چلا کہ اسے زمین کھا گئی یا آسمان نگل گیا۔

ہڈسن نے آ کر بادشاہ سے باتیں ملائیں۔ بادشاہ نے قلعہ میں واپس چلنے کے لیے چند شرائط پیش کیں۔ اپنی اور اپنے لواحقین کی جاں بخشی چاہی۔ پنشن کا جاری رہنا اور نذر کا کھلنا چاہا۔ ہڈسن نے سارے مطالبات مان لئے۔ بادشاہ کو ہوادار میں سوار کرایا اور چھ شہزادوں کو فینس میں۔ جب دلی کے خونی دروازے پر پہنچے تو ہڈسن نے رک کر شہزادوں کو حکم دیا کہ فینس میں سے باہر نکل آؤ۔ شاہزادوں نے حکم کی تعمیل کی۔ ہڈسن نے ان پر اپنا طمنچہ تانا۔ شہزادوں نے کہا، "آپ نے تو ہمیں جان کی امان دی ہے۔" زبردست

مارے بھی اور رونے نہ دے۔ ایک ایک کر کے ہڈسن نے چھبیسوں شہزادوں کو گولی کا نشانہ بنایا۔ ایک روایت یہ بھی ہے کہ جب شہزادے خاک وخون میں تڑپ رہے تھے تو ہڈسن نے ان کا چلو چلو بھر خون پیا اور کہا، "آج میں نے انگریزوں کے مارنے کا بدلہ ان سے لے لیا۔"

شہزادوں کے سر کاٹ لئے گئے اور ان کی لاشیں خونی دروازے پر لٹکا دی گئیں۔ بادشاہ کو لال قلعہ میں قید کر دیا گیا۔ جب بادشاہ نے دبی زبان سے شکوہ کیا کہ "مجھ سے میری پنشن بحال رکھنے اور نذر کھولنے کا وعدہ کیا گیا تھا۔" تو ہڈسن نے کہا، "ہم تمہاری نذر بھی کھولے گا۔" یہ کہہ کر شہزادوں کے کٹے ہوئے سر ایک طشت میں رکھ کر بادشاہ کے سامنے پیش کر دیے۔ بوڑھے بادشاہ کے دل پر چھ جان جوان بیٹوں کے سر دیکھ کر کیا گزری ہو گی؟ اس کا اندازہ صاحب اولاد کر سکتے ہیں، اور شہزادوں کے بے گور و کفن لاشیں خونی دروازے پر لٹکی سڑتی رہیں۔ بادشاہ زادیاں دلی کی ویران گلی کوچوں میں بھٹکتی پھریں۔ کوئی انہیں امان دینے پر تیار نہ تھا۔ کون اپنی جان جوکھم میں ڈالتا؟ کوتوالی چبوترے پر پھانسیاں گڑھ گئیں اور چن چن کر مسلمانوں کو دار پر چڑھایا گیا اور اس کا بھی خاص اہتمام کیا گیا کہ پھانسی دینے والا بھنگی ہی ہو۔

دیکھتے ہی دیکھتے شہر میں ہو کا عالم ہو گیا۔ ویرانوں میں کتّے لوٹنے لگے۔ وہ بازار جہاں کھوے سے کھوا چھلتا تھا اور تھالی پھینکو تو سروں ہی سروں پر جاتی تھی، مسمار کر دیے گئے۔ امیر امراء کی حویلیاں ڈھادی گئیں اور دفینوں کی تلاش میں دلّی پر گدھوں کے ہل پھروا دیے گئے۔ بادشاہ پر لال قلعہ میں مقدمہ چلا گیا اور انہیں قید کر کے رنگون بھیج دیا گیا۔ لال حویلی کی کوکھ جل گئی۔ قلعہ میں گوری فوج رہنے لگی۔ جامع مسجد میں گھوڑے باندھے جانے لگے۔

بہادر شاہ ایک فقیر منش بادشاہ تھے، پیری مریدی بھی کرتے تھے، جو ان کا مرید ہوتا اس کا کچھ نہ کچھ وظیفہ مقرر ہو جاتا۔ یوں تو ان کے سیکڑوں مرید تھے جو چیلے کہلاتے تھے۔ دلی میں ایک محلہ انہی چیلوں کی رہائش کی وجہ سے چیلوں کا کوچہ کہلاتا ہے۔ شعر و شاعری تو گویا، ان کی گھٹی میں پڑی تھی۔ کلام الملوک ملوک الکلام، ان سے زیادہ کسی اور پر یہ مقولہ سچا نہیں اترتا۔ کلام میں سوز و گداز ہے، ان کا کلام ان کی سیرت کا آئینہ ہے، مایوسیوں نے ان کا دل گداز کر دیا تھا۔ فرماتے ہیں،

یا مجھے افسر شاہانہ بنایا ہوتا

یا مرا تاج گدایانہ بنایا ہوتا

ان کی زبان کا کیا کہنا! لال قلعہ کی زبان اردوئے معلیٰ کہلائی۔ بیان اتنا مؤثر کہ تیر کی طرح دل میں اتر جائے۔ ظفرؔ کو بچپن سے شعر کہنے کا شوق تھا۔ شروع شروع میں شاہ نصیر کو اپنا کلام دکھایا۔ مشکل زمینوں میں شعر کہنے کی صلاحیت شاہ نصیر کی بدولت پیدا ہوئی۔ جب شاہ نصیر دکن چلے گئے تو میر کاظم حسین بیقرارؔ کو اپنا استاد بنایا لیکن کچھ عرصہ بعد بیقرارؔ افغانستان چلے گئے تو استاد ذوقؔ کو ولی عہد بہادر کی غزلیں بنانے کی خدمت سونپی گئی۔ ذوقؔ جب تک جیے اس خوشگوار فرض کو انجام دیتے رہے، ذوقؔ کے انتقال کے بعد مرزا غالبؔ استاد شہ مقرر ہوئے۔ مرزا کو استادی کے پچاس روپے ملتے تھے جو انہیں پچاس ہزار سے بھی زیادہ تھے۔

بنا ہے شہ کا مصاحب پھرے ہے اتراتا

وگرنہ شہر میں غالبؔ کی آبرو کیا ہے

ظفرؔ کے چار دیوان شائع ہوئے تھے۔ انہوں نے اردو کے علاوہ فارسی بھاشا اور پنجابی میں بھی طبع آزمائی کی ہے۔ ظفرؔ کے کلام میں چونکا دینے والا انوکھا پن تو نہیں ہے

لیکن وہ ایک مخصوص طرز کلام کے مالک ضرور ہیں، ان کے کلام کا ایک اہم وصف ان کا خلوص ہے جو ان کی زندگی سے ہم آہنگ ہے اور ان کی شخصی خوبیوں کا آئینہ دار بھی۔ ظفرؔ بادشاہ ہونے کے ساتھ ساتھ صوفی اور درد مند بھی تھے۔ اس درد مندی نے آگے چل کر فریاد وزاری کی شکل اختیار کرلی۔ ان کا زمانۂ اسیری کا کلام شکست شیشۂ دل کی صدا معلوم ہوتا ہے، یہ کلام شائع نہیں ہوسکا مگر دلی کے اکثر لوگوں کو زبانی یاد تھا۔ ایک غزل جو ان سے منسوب ہے، اس کے چند شعر یہ ہیں،

نہ کسی کی آنکھ کا نور ہوں نہ کسی کے دل کا قرار ہوں
جو کسی کے کام نہ آسکے میں وہ ایک مشت غبار ہوں
مرا رنگ روپ بگڑ گیا مرا یار مجھ سے بچھڑ گیا
جو چمن خزاں سے اجڑ گیا میں اسی کی فصل بہار ہوں
میں نہیں ہوں نغمۂ جانفزا کوئی مجھ کو سن کے کرے گا کیا
میں بڑے بروگ کی ہوں صدا کسی دل جلے کی پکار ہوں
کوئی آکے دیا جلائے کیوں کوئی آکے اشک بہائے کیوں
کوئی آکے پھول چڑھائے کیوں میں تو بیکسی کا مزار ہوں

۳۵۔ ۴۰ سال پہلے تک دلی میں ایک بڑے میاں تھے جن کی صورت شکل بہادر شاہ سے بہت کچھ ملتی جلتی تھی۔ وہ رباب بجا کر صرف بہادر شاہ ہی کی غزلیں گایا کرتے تھے۔ لوگ ان کی غمناک دھنوں میں مظلوم بادشاہ کی غزلیں سن کر بے حد متاثر ہوتے تھے اور انہیں روپے دو روپے دے کر رخصت کرتے تھے۔ ایک اور غزل وہ گایا کرتے تھے جس کے دو شعر یہ ہیں۔

پس مرگ میرے مزار پر جو دیا کسی نے جلا دیا

اسے آہ دامنِ باد نے سرِ شام ہی سے بجھا دیا
مجھے دفن کر چکو جس گھڑی تو یہ اس سے کہنا کہ اے پری
وہ جو تیرا عاشقِ زار تھا تہہ خاک اس کو دبا دیا

پیلو کی دھن میں رباب کے زخموں کے ساتھ جب بڑے میاں ایک اور غزل سناتے تو سننے والوں کے ساتھ خود ان کے بھی آنسو نکل پڑتے۔

گئی یک بیک جو ہوا پلٹ نہیں دل کو میرے قرار ہے
کروں غم ستم کا میں کیا بیاں مرا غم سے سینہ فگار ہے
یہ رعایا ہند تباہ ہوئی کہو کیسی ان پہ جفا ہوئی
جسے دیکھا حاکم وقت نے کہا یہ بھی قابل دار ہے
یہ کسی نے ظلم کبھی ہے سنا کہ دی پھانسی لوگوں کو بے گنہ
ولے کلمہ گویوں کی سمت سے ابھی دل میں ان کے بخار ہے
نہ تھا شہر دہلی یہ تھا اک چمن کہو کس طرح کا تھا یاں امن
جو خطاب تھا وہ مٹا دیا فقط اب تو اجڑا دیار ہے
یہی تنگ حال جو سب کا ہے یہ کرشمہ قدرت رب کا ہے
جو بہار تھی سو خزاں ہوئی جو خزاں تھی اب وہ بہار ہے
شب و روز پھولوں میں جو تلے کہو خار غم کو وہ کیا سہے
ملے طوق قید میں جب انہیں کہا گل کے بدلے یہ ہار ہے
سبھی جادہ ماتم سخت ہے کہو کیسی گردشِ بخت ہے
نہ وہ تاج ہے نہ وہ تخت ہے نہ وہ شاہ ہے نہ دیار ہے
جو سلوک کرتے تھے اور سے وہ ہیں زندہ اب کسی طور سے

وہ ہیں تنگ چرخ کے دور سے رہا تن پہ ان کے نہ تار ہے
نہ رہے جو تن پہ ہے سر مرا انہیں جان جانے کا ڈر ذرا
کٹے غم ہی نکلے جو دم مرا مجھے اپنی زندگی ہی بار ہے

ان اشعار میں بہت کچھ تحریف ہوگئی ہے۔ کیونکہ سینہ بہ سینہ منتقل ہوتے چلے آرہے ہیں۔ تاہم ان اشعار سے ظفرؔ کی دردناک زندگی کا نقشہ آنکھوں کے آگے آجاتا ہے، رنگون میں خود بادشاہ کی حالت بہت زبوں ہوگئی تھی۔ ایک انگریز سیاح نے بادشاہ کو آخری وقت دیکھا تھا تو وہ ایک جھلنگے میں بے سدھ پڑے ہوئے تھے۔ کمرے کے ایک کونے میں پانی کا جو گھڑا رکھا ہوا تھا، اس میں کیڑے کلبلا رہے تھے۔

ظفرؔ کو اپنے جذبات و احساسات کے اظہار پر بڑی قدرت تھی۔ کسی واقعہ یا تاثر کو پوری شدت کے ساتھ شعر کے قالب میں ڈھال دیتے تھے۔ طویل بحریں انہیں زیادہ مرغوب تھیں، مشکل زمینیں پیدا کرنے میں بھی انہیں خاص ملکہ تھا۔ مشکل سے مشکل ردیف قافیہ بے ساختگی سے نباہ جاتے تھے۔

ہو چکی گرمی گلابی بادۂ گلگوں سے بھر
اب تو جاڑا اے پری پیکر گلابی ہو گیا
مری آنکھ بند تھی جب تلک وہ نظر میں نور جمال تھا
کھلی آنکھ تو نہ خبر رہی کہ وہ خواب تھا کہ خیال تھا
تم نے کیا نہ یاد کبھی بھول کر ہمیں
ہم نے تمہاری یاد میں سب کچھ بھلا دیا
ظفرؔ آدمی اس کو نہ جانئے ہو وہ کیسا ہی صاحبِ فہم و ذکا
جسے عیش میں یاد خدا نہ رہی جسے طیش میں خوفِ خدا نہ رہا

زبان کا چٹخارہ اس شعر میں دیکھئے،

آج دیتے ہیں وہی توڑ کے ٹکڑا سا جواب
اے ظفرؔ کھا کے پلے جو مرے گھر کے ٹکڑے

شاعری کے ساتھ ساتھ بہادر شاہ موسیقی اور خطاطی کے بھی استاد تھے۔ انہوں نے گلستاں کی ایک شرح بھی لکھی تھی۔ جس طرح شاہ نصیرؔ، ذوقؔ اور غالبؔ جیسے استاد ان کے دربار سے وابستہ رہے، اسی طرح شاہ بھیکن، میاں اچپل اور تان رس خاں جیسے نامی گرامی موسیقار بھی ان کے دربار میں موجود تھے۔ بہادر شاہ بذات خود موسیقی کا اعلیٰ ذوق رکھتے تھے۔ ان کے بنائے ہوئے خیال، ٹھمریاں، ملہاریں اور ہولیاں آج بھی گائی جاتی ہیں۔ اس قسم کی چیزوں میں بہادر شاہ شوق رنگ تخلص کرتے تھے۔ اس کا نمونہ باگسیری بہار کا یہ خیال ہے،

رُت بسنت میں اپنی امنگ سوں
پی ڈھونڈن میں نکسی گھر سوں
ملے تو لال گر وا لگالوں
پاگ بندھاؤں پیلی سر سوں
رُت بسنت میں اپنی امنگ سوں
رنگ ہے سبزہ نرگس یاں کا
کہے شوق رنگ، رنگ ہے واکا
ان بھیدن کو کوئی نہ جانے
واقف ہوں میں واکی جر سوں
رت بسنت میں اپنی اُمنگ سوں

۱۸۵۸ء میں بادشاہ کو قید کر کے رنگون بھیج دیا گیا۔ چار سال قید و بند میں رہ کر آخری مغل تاجدار نے دیار غیر میں انتقال کیا۔ اس طرح ۱۸۶۲ء میں تیموری عظمت کا چراغ ہمیشہ ہمیشہ کے لیے گل ہو گیا۔

پردہ داری می کند بر طاق کسریٰ عنکبوت
چغد نوبت می زند بر گنبد افراسیاب

***

دلی والوں کے شوق

دلی والوں کو اپنی جان بنائے رکھنے کا بڑا شوق تھا۔ اس شوق کو پورا کرنے کے لئے ورزش کیا کرتے تھے اور ورزشی کھیلوں میں شریک ہوتے تھے۔ ہر گھر میں بگ ڈڑ اور مگدروں کی جوڑی ضرور ہوتے تھے۔ بعض لوگ بگ ڈڑ کا کام گما انٹیوں سے لیتے تھے۔ دیسی ورزش سے سینے چوڑے اور کمر چھلا سی ہو جاتی تھی۔ توند نکلنے نہیں پاتی تھی اور پیٹ چپاتی سا ہو جاتا تھا۔

ورزش کا شوق دلی کے امیر غریب سبھی کو تھا۔ باریک اور چست لباس پہننے کا رواج تھا، اس لئے اپنے جسم کو سڈول بنانے کی دھن سب کو لگی رہتی تھی۔ پھنسے ہوئے انگرکھے اور چست پاجامے اسی وقت اچھے لگتے ہیں جب ڈنڑ، قبضے اور پنڈیاں بھری بھری ہوں۔ سرکنڈے سے ہاتھ پاؤں بھلا چکن اور ململ میں کیسے بھلے لگ سکتے ہیں؟ بلکہ ایسے سوکھے سہمے لوگوں پر تو "کاغذ کے پٹے باز" کی پھبتی کسی جاتی تھی۔

گلی گلی اکھاڑے کھلے ہوئے تھے۔ ہر اکھاڑے کے لئے ایک استاد رکھا جاتا تھا جو عموماً کوئی بوڑھا پہلوان ہوتا تھا۔ شہر میں کئی تعلیمی اکھاڑے تھے جن میں فن کشتی کے ماہر اپنے پٹھے تیار کرتے تھے اور جمعہ کے جمعہ موتیا کھان میں دنگل ہوتا تھا۔ اس دنگل میں ان اکھاڑوں کے تربیت یافتہ پہلوانوں کی کشتیاں ہوا کرتی تھیں۔ چالیس پچاس سال پہلے تک دلی میں یہ اکھاڑے مشہور تھے۔

گونڈی شاہ والے، شیخو والے، بھوری والے، میراں شاہ والے، پیر والے اور تیلی والے محلوں میں جو اکھاڑے تھے ان کے استاد اکھاڑے میں آنے والوں کو طرح طرح کی ورزشیں بتایا کرتے تھے۔ یہ نہیں کہ اندھادھند ڈنڑ پیلنے پر لگا دیا۔ جی نہیں، کسی کا اوپر کا دھڑ کمزور ہے تو اسے کچھ ورزش بتائی اور کسی کا نیچے کا دھڑ کمزور ہے تو اسے کچھ اور۔ جسم کی خوبصورتی یہ ہے کہ سرے سے پاؤں تک سڈول ہو۔ تمام اعضا یکساں طور پر تیار ہوں۔ یہ نہیں کہ سینے پر تو گوشت آگیا مگر ٹانگیں کھپچیاں سی دھری ہیں۔ یا پٹیں تو بھر گئیں مگر بازو سرکنڈے سے رہ گئے۔

صبح شام اکھاڑے میں رونق ہوتی ہے۔ دیکھئے کوئی بگ ڈنڑ پر ڈنڑ پیل رہا ہے، کوئی سپاٹے سے بیٹھکیاں نکال رہا ہے۔ ایک سنتولا اٹھا رہا ہے تو دوسرا لیزم سے زور آزمائی کر رہا ہے۔ کوئی عشق اللہ لگا رہا ہے تو کوئی ڈھکیلیاں کھا رہا ہے۔ کوئی مگدر پھرا رہا ہے تو کوئی موگریوں کے ہاتھ نکل رہا ہے۔ اکھاڑے کی مٹی میں تیل ملا کر اکھاڑے کو دونوں وقت ہرا کیا جاتا ہے۔ اکھاڑہ کشادہ بنایا گیا ہے، ایک ہی وقت میں کئی کئی جوڑیں چھوٹی ہوئی ہیں۔ پہلے صرف زور ہو رہے ہیں۔ یہ اسے ریلتا ہوا لے جاتا ہے اور وہ اسے پیلتا ہوا لے آتا ہے۔ جب تک سانس نہ پھول جائے یہی ریل پیل رہے گی۔ دم لینے کے بعد ان کی پکڑ ہو گی۔ اتنے میں دوسری جوڑ لنگر لنگوٹا کس کر سامنے آگئی۔ استاد نے کہا، "ہاں بھئی بسم اللہ" آمنے سامنے ہو کر دونوں نے ہاتھ ملائے، پھر اپنی پنی ران پر تھپکی دے دونوں گتھ گئے۔

استاد کبھی ایک سے کہتے ہیں، "ابے سانٹیاں نکال۔" کبھی دوسرے سے کہتے ہیں، "ابے پڑا کا پڑا رہ گیا؟ ابے گدھا لوٹ لگا۔" لو وہ نیچے سے نکل آیا۔ دونوں پھر آمنے سامنے کھڑے ہو گئے۔ استاد نے کہا ابے پھٹا باندھ کر دھوبی پاٹ پر کھینچ لے۔ "داؤں کچھ

ادھورا رہا تو دوسرے سے بولے، "کھپچڑے چڑھا لے۔" اس نے ایسی قینچی ڈالی کہ بس کر دیا۔

استاد نے چیخ کر کہا، "ابے اس قلف کو کہنی کی کنجی سے کھول اور قلا جنگ لگا۔" لو میاں دیکھا؟ ابھی تو بالکل بے بس ہو رہا تھا یا اب دوسرے کے سینے پر چڑھا بیٹھا ہے۔ ہاں بھئی جس کا داؤں لگ جائے۔ یہ تو پھرتی کا کام ہے۔ نری طاقت بھلا کیا کرے گی؟ غرض پور پور داؤں ہو رہے ہیں۔ آپ چند نام سن لیجئے۔

رک لنگڑی، چپڑاس، سکی، اندری باہر کی، اندری اندر کی، دکھنی اندری، کھسوٹا، دھوبی پاٹ، کھوکھا، غاز بند، گھسا، کھڑا گھسا، مغلا، جھولی، دھڑ مارنا، روم مارنا، سانڈھی، الٹی پٹھی، سیدھی پٹھی، گل لپیٹ، ٹانگ لگانا، قینچی، کنگھی، پھرکی، لپیٹ، ڈھاک، مہرہ، کیلی، گدھا لوٹ، غوطہ، گوؤمکھ، اچھال، طباق پھاڑ، سواکری، قلا جنگ، ڈھیکلی، دیوبند، جھکائی، اکھیڑ میں بیٹھنا، بوجھا دینا۔

اکھاڑے ہی میں ایک طرف تو پرانے وقتوں کا کنواں ہے۔ ڈول کھینچنا بھی ایک ورزش ہے۔ پسینہ خشک کرتے جاتے ہیں اور باری باری نہاتے جاتے ہیں۔ ایک پانی کھینچ کھینچ کر ڈول پہ ڈال رہا ہے۔ جب وہ نہا چکا تو اس نے دوسرے کو اسی طرح نہلایا۔ جانگئے اتار کر کپڑے پہن، استاد کو سلام کر اکھاڑے سے باہر نکلے اور سیدھے دودھ والے کی دکان پر جا کر سیر سیر بھر اونٹا ہوا دودھ پیا۔ پھر ٹہلتے ٹہلتے جامع مسجد چلے گئے اور چوک کی بہار دیکھی۔ یوں جسم اور صحتیں بنی رہتی تھیں۔ جوان تو جوان بڈھوں تک کے چہروں پر چلوؤں خون نظر آتا تھا۔ سینے گوشت سے پسے ہوئے، ڈنڑ قبضے بنے ہوئے، رانوں کے مچھلے الٹے ہوئے، پنڈیاں کچالو سی بنی ہوئیں، اپنے پرائے کو دیکھ کر جی خوش ہوتا تھا۔ یا اب جوانوں کا یہ حال ہے کہ جس کو دیکھو کانپ ٹھڈے ٹوٹے ہوئے، کمان بنا قبر کے لئے

جگہ تلاش کر رہا ہے۔ یہ جوانی اور مانجھا ڈھیلا!

ورزشی کھیلوں میں کبڈی ایک ایسا کھیل تھا جس میں کچھ بھی خرچ نہیں ہوتا تھا۔ ہر محلے میں کہیں نہ کہیں تھوڑی سی کھلی جگہ ہوتی تھی۔ اس میں کبڈی کا پالا جمتا، جوڑیاں بچی جاتیں، دس بارہ نوجوان ایک طرف اور دس بارہ دوسری طرف ہو جاتے۔ بیچ میں پالا کھنچ جاتا، اب ایک طرف کا ایک جوان "ہل کبڈی" کا نعرہ لگا کر پالے سے آگے بڑھا، ادھر والے دور دور ہو گئے کہ یہ کسی کو چھو نہ لے، یہ "کبڈی کبڈی" کہتا ایک ایک کی طرف لپکتا ہے مگر کوئی ہاتھ نہیں آتا۔ اسے یہ بھی خیال ہے کہ کوئی پیچھے سے آکر پکڑ نہ لے، یا بیچ میں سانس نہ ٹوٹ جائے۔ چوکنا ہو کر لپکتا پھرتا ہے اور جب سانس ختم ہونے لگتا ہے تو واپس آجاتا ہے۔

اس کے پیچھے ہی دوسری طرف کا ایک نوجوان لپکتا ہے تاکہ پالا پھلانگتے ہی اسے چھو لے مگر وہ تیتری بنا ہوا ہاتھ نہیں آتا۔ یہ صاحب گرم جوشی میں کچھ زیادہ ہی بڑھ آئے۔ ادھر کے دو نوجوان اس کی اس چوک سے فائدہ اٹھا کر اس کے پیچھے آجاتے ہیں اور کولی بھر کے اسے ادھر اٹھا لیتے ہیں۔ یہ بہتیرے ہاتھ پاؤں مارتا ہے، بھلا وہ کب چھوڑتے ہیں، ایک کی دوا دو۔ اس کا سانس ختم ہو جاتا ہے اور وہ مر کر الگ جا بیٹھتا ہے۔ جب دوسری طرف کا کوئی کھلاڑی مرے گا تو یہ جی اٹھے گا۔ دونوں طرف کے مرتے جیتے رہتے ہیں۔ یہاں تک کہ ایک فریق کے سارے کھلاڑی مر جاتے ہیں اور وہ فریق ہار جاتا ہے۔ مغرب کی آندھی میں جہاں اور بہت سی کام کی چیزیں اڑ گئیں کبڈی بھی اڑ گئی۔ اس کی جگہ فٹ بال اور رگبی نے لے لی۔

گیڑیاں کھیلنا بھی سستا اور ورزشی کھیل تھا۔ روپے کی چار من جلانے کی لکڑیاں آتی تھیں۔ من من بھر لے کر دو فریق میدان میں آجاتے۔ بیچ میں پالا کھنچ جاتا۔ چھوٹی

لکڑیاں پنچیاں کہلاتی تھیں۔ ایک فریق والے دوسرے فریق والوں کے آگے پنچیاں ڈالتے جاتے اور اس فریق کا ایک کھلاڑی دنچو سے، جو ایک موٹی بھاری لکڑی ہوتی ہے، پنچیوں پر اس طرح تاک کر ضرب لگاتا ہے کہ پنچی پالے کے پار چلی جاتی ہے۔ جب پنچی اوچھے وار کی وجہ سے پار نہ ہوتی تو دوسرے فریق کے پاس آجاتی۔ آخر میں سنتا پہنایا جاتا اور ہارنے والوں کی ڈولیاں ہو جاتیں۔ اب گیڑیاں کہاں؟ اب تو ہیمر تھرو ہے۔

گلی ڈنڈا گلیوں میں نہیں کھیلا جاتا تھا۔ قریب کے میدان میں گچی کھودلی جاتی۔ کھیلنے والوں کی دو ٹولیاں بن جاتیں۔ ایک ٹولی کھیلتی اور دوسری کھلاتی۔ گچی پر گلی رکھ کر ڈنڈے سے سیدھی اچھالی جاتی تھی۔ اگر کھلانے والوں میں سے کوئی لپک لیتا تو کھیلنے والا مر جاتا، ورنہ گچی کے پاس ڈنڈا رکھ دیا جاتا اور گلی تاک کر ڈنڈے کی طرف پھینکی جاتی۔ اگر ڈنڈے سے چھو جاتی تو کھلاڑی مر جاتا، ورنہ کھلاڑی تین انس لگاتا اور جہاں گلی پہنچ جاتی وہاں سے گچی تک اندازے سے لال مانگے جاتے۔ یہ ایک لال ڈنڈے کے برابر ہوتا تھا۔ فریق مخالف یا تو اس کے مطالبے کو منظور کر لیتا یا نامنظور کر کے گلی سے گچی تک ڈنڈے سے فاصلہ ناپتا۔ اگر لال کم رہ جاتے تو کھلاڑی مر جاتا۔

پٹھو کی تعداد مقرر کر لی جاتی کہ سو لال کا ایک پٹھو ہوگا۔ جس کے پٹھو زیادہ ہوتے وہ فریق جیت جاتا۔ گلی ڈنڈا مغرب کی بھینٹ چڑھ گیا۔ اب تو کرکٹ ہے اور اسکواش۔ جب بلے ٹوٹ جاتے ہیں اور گیندیں پھٹ جاتی ہیں تو گردش ایام ماضی کی طرف لوٹ جاتی ہے اور میدانوں میں بچے گلی ڈنڈا کھیلتے نظر آتے ہیں۔

گھروں میں گنجفہ، شطرنج، چوسر، پچیسی، تاش، نوکنکرا کھیلا جاتا تھا۔ شطرنج کے بعض ایسے کھلاڑی بھی تھے جو غائب کھیلتے تھے۔ ان کے سامنے شطرنج کی بساط اور مہرے نہیں ہوتے تھے۔ انہیں صرف یہ بتا دیا جاتا کہ حریف نے یہ چال چلی ہے، یہ فوراً کہہ

دیتے ہماری طرف سے فلاں مہرا چل دو۔ ان کے ذہن میں شطرنج کا پورا نقشہ جما رہتا تھا۔ ادھر کئی کئی کھلاڑی لگے رہتے اور ادھر یہ صرف اکیلے ہوتے اور پھر جیت بھی انہی صاحب کی ہوتی۔

شطرنج کے کھلاڑیوں کو بازیوں میں اس قدر انہماک ہوتا کہ انہیں دین دنیا کی خبر ہی نہ رہتی۔ ایک صاحب گھر سے اپنے بیمار بچے کی دوا لینے چلے۔ راستہ میں پھڑ جما ہوا دکھائی دے گیا۔ پہلے کھڑے دیکھتے رہے، پھر خاموش نہ رہ سکے تو چالیں بتانے لگے۔ اس کے بعد بھی ضبط نہ ہو سکا تو ہارنے والے کھلاڑی کو "اماں ہٹو" کہہ کر ایک طرف کر دیا اور خود کھیلنے لگے۔ ایک بازی ختم ہوئی تو دوسری اور دوسری ختم ہوئی تو تیسری۔ غرض دوپہر ہونے کو آئی تو کسی محلے والے نے آکر اطلاع دی کہ بچے کی طبیعت زیادہ خراب ہو گئی ہے، دوا کا انتظار ہو رہا ہے۔ "ابھی آتا ہوں" کہہ کر پھر چالوں میں گم ہو گئے۔ شام ہوتے اطلاع ملی کہ بچے کا انتقال ہو گیا۔ اناللہ کہہ کر نظر اٹھائی۔ بولے "اچھا بھئی کفن دفن کا انتظام کرو۔ بس یہ بازی ختم کر کے میں آیا۔"

"وہاں جنازہ تیار ہو گیا۔" بولے، "تم لے کر چلو میں آیا۔" پھر اطلاع ملی کہ دفنا بھی آئے بولے، "چلو اچھا کیا بچارا بہت تکلیف میں تھا۔" لوگوں نے کہا، "میاں اب تو گھر چلو۔" بولے، "جب مرنے والا ہی نہیں رہا تو اب میں جا کر کیا کروں گا؟ وہ اچھی جگہ ہے ہم بری جگہ ہیں۔ اللہ تعالیٰ مغفرت کرے۔ یہ دن تو بھئی سبھی کے لئے آنے والا ہے۔

موت سے کس کو رستگاری ہے
آج وہ کل ہماری باری ہے
ہاں صاحب آپ نے کیا چال چلی؟"

ایک صاحب گھر سے گوشت لینے نکلے۔ قصائی سے گوشت لے کر لوٹ رہے تھے

کہ قضا عند اللہ راستے میں کسی بیٹھک میں شطرنج ہوتی دکھائی دے گئی۔ ٹھٹک کر کھڑے ہو گئے۔ جب بازی ختم ہوئی تو صاحب خانہ نے کہا، "آیئے میر صاحب آپ سے بھی ایک پکڑ ہو جائے۔" اندھا کیا چاہے؟ دو آنکھیں۔ جھٹ بیٹھ کر مہرے جمانے لگے۔ اب بازی پر بازی ہوئے چلی جا رہی ہے۔ دوپہر ہوئی، دن ڈھلا، رات ہو گئی۔ بیٹھک میں سڑاند اور بساند پھیلنے لگی۔

"اماں یہ بدبو کہاں سے آ رہی ہے؟"

"کوئی چوہا وہا تو نہیں مر گیا؟"

ادھر ادھر سونگھ کر ایک صاحب نے کہا، "بدبو، میر صاحب کے پاس سے آ رہی ہے۔" مگر میر صاحب ہیں کہ شطرنج میں غرق ہیں کسی نے انہیں ہلا جلا کر کہا، "اماں میر صاحب یہ بدبو کہاں سے آ رہی ہے؟" بولے، "ارے آ رہی ہو گی کہیں سے۔ یہاں لاکھ روپے کی بازی لگی ہوئی ہے، اور تمہیں بدبو کی لگ رہی ہے۔" مگر بدبو اتنی ناگوار ہو چکی تھی کہ ناک نہیں دی جا رہی تھی۔ ایک صاحب نے اس کا سراغ لگا ہی لیا اور میر صاحب کی بغل سے پوٹلی کھینچ لی۔ "اماں میر صاحب یہ کیا ہے؟" میر صاحب نے چونک کر کہا، "اوہو گوشت ہے، سڑ گیا۔ اسے پھینک دو۔" یہ کہہ کر پھر کھیل میں لگ گئے۔

چوسر کھیلنے والے دانا اور پچیسی کھیلنے والے کوڑیاں شرطیہ پھینکتے تھے۔ یعنی جتنے کہو اتنے پھینک دیں۔ یہی حال تاش کا تھا۔ گڈی کو جتنا چاہے پھینٹ دیجئے مگر جب بانٹنے والا بانٹے گا تو اچھے اچھے پتے خود لے جائے گا۔

یہ اور اسی قسم کے کھیل دیوان خانوں میں کھیلے جاتے تھے۔ یہ مردانہ گھر ہوتے تھے جن میں نہایت شائستہ صحبتیں ہوا کرتی تھیں۔ ہر محلے میں دو چار بڑے بڑے دیوان خانے ہوتے تھے جن میں رات کو احباب جمع ہوتے تھے۔ دل بہلانے اور وقت گزارنے

کے لئے تمام کھیل کھیلے جاتے تھے۔ ان ہی دیوان خانوں میں کبھی کبھی شعر و سخن کی محفلیں بھی ہوتیں، مصرعہ طرح پر مشاعرے ہوتے۔ دلی میں اس وقت کئی استاد تھے۔ استاد بیخودؔ، نواب سراج الدین احمد خاں سائلؔ، آغا شاعر، پنڈت امر ناتھ ساحرؔ اور استاد حیدرؔ بہت مشہور تھے۔ انہی کے شاگردوں نے دلی کے چاروں کھونٹ داب رکھے تھے۔ مشاعروں میں پورے ادب آداب برتے جاتے تھے۔ بعد میں مشاعرے شاعروں کے اکھاڑے بن گئے تھے اور بھلے آدمیوں نے ان میں شریک ہونا چھوڑ دیا تھا۔ صرف سالانہ مشاعرہ پنڈت امر ناتھ ساحرؔ کا ایک ایسارہ گیا تھا جس کے لئے خاص انتظام و اہتمام کیا جاتا تھا۔

پنڈت جی پنشن یافتہ تحصیل دار تھے۔ ستر سے اوپر ہو گئے تھے مگر صحت اچھی تھی اور کسی عیب میں نہیں تھے۔ لمبی سی چوری نما داڑھی، چغہ پہنتے تھے اور پگڑی باندھتے تھے۔ انہیں اردو سے عشق تھا۔ شہر میں سبھی ان کا احترام کرتے تھے اور ان کے مشاعرے میں نامی گرامی شعراء دور دور سے آکر شریک ہوتے تھے۔

دیوان خانے کی ادبی نشست نواب خواجہ محمد شفیع دہلوی کے ہاں اتوار کے اتوار سہ پہر سے مغرب کے بعد تک ہوتی تھی۔ آخر میں ادیبوں اور شاعروں کا یہی ایک ٹھکانا رہ گیا تھا۔ کوئی معروف اور غیر معروف ادیب یا شاعر ایسا نہیں تھا جس نے اس مجلس میں شرکت نہ کی ہو۔ حضرت خواجہ حسن نظامی سے لے کر استاد ہلال چغتائی تک سبھی شریک ہوتے تھے۔ استاد ہلال وہ تھے جنہیں مرزا غالبؔ نے ایک دن خواب میں آکر اپنا خلیفہ بنایا تھا۔ ان کے بے معنی شعروں اور ناموزوں مصرعوں سے سامعین بہت لطف اندوز ہوتے تھے۔ بولی ٹھولی اور فقرے بازی بھی اس مجلس میں خوب ہوتی تھی۔ خود خواجہ محمد شفیع صاحب بڑے پھبتی باز اور چرب زبان آدمی تھے۔ تھے کیا؟ ابھی ہیں۔ اللہ انہیں

سلامت رکھے مگر مہاجرت نے ان کی خوش دلی بہت کچھ چھین لی اور لاہور میں کچھ گوشہ نشین سے ہو گئے ہیں۔

دلی والوں کو تیرنے کا شوق تھا۔ تیراکی کے بھی دلی میں کئی استاد تھے۔ ان کی تعلیمیں مشہور تھیں۔ تیراکی جمنا میں سکھائی جاتی تھی، بعض باؤلیوں میں بھی سیکھتے تھے، مثلاً اگر سین کی باؤلی میں۔ بعض لوگ کہتے تھے کہ یہ اگر سین نہیں اصغر حسین کی باؤلی ہے۔ واللہ اعلم بالصواب۔ اکثر نام بگڑ کر کچھ کے کچھ ہو گئے تھے۔ مثلاً بو علی بختیاری کا نام بھوری بھٹیاری بن گیا تھا اور شاہ ابوالعلی کا شاہ بولا بن گیا تھا۔

ہاں تو ڈھائی ڈھوئی کا مینہہ برسا، ندی نالے چڑھ گئے۔ جمنا لبالب کناروں تک بھر گئی۔ تیراکی کے میلے کی تاریخ مقرر ہو گئی۔ شاہی کی تو کچھ اور ہی شان تھی۔ بھلا جس کام کی سرپرستی بادشاہ خود کریں اس میں رونق اور برکت کیوں نہ ہو؟ شہر کا شہر امنڈ کر میلے میں آجاتا۔ تہہ بازاریاں لگ جاتیں۔ بادشاہ اور شہزادے جمنا کے رخ سمن برج (مثمن برج) اور دیوان خاص کے صحن میں آبیٹھتے۔ بیگمات اور شہزادیاں محلوں کے جھروکوں میں سے سیر دیکھتیں۔ جمنا اس زمانے میں قلعہ سے لگی لگی بہتی تھی۔ ٹولیاں کی ٹولیاں جمنا میں اترتیں اور اپنے اپنے کمالات دکھاتیں۔ کوئی پانی پر چت لیٹا ہے، کوئی پالتی چڑھائے بیٹھا ہے۔ کوئی کھڑی لگا رہا ہے کوئی شیر کی تیرائی تیر رہا ہے۔ کوئی گٹھری بنا بہا چلا آتا ہے، کوئی مردے کی طرح تختہ بنا ہوا ہے۔ وزیر آباد سے تیراک چھوٹتے اور جمنا کے پل پر آکر دم لیتے۔ بادشاہ کی طرف سے اچھے تیراکوں کو انعام ملتا۔ یہ میلہ اب تک ہوتا تھا مگر وہ دھوم دھام بادشاہ کے دم کے ساتھ گئی۔ سیکڑوں قسم کی تیرائی تھی چند نام آپ بھی سن لیجئے۔

کھڑی، ملاحی، ٹنگڑی، مور چال، شیر پانی، بھیڑیا پانی، کھڑی ملاحی، ہاتھ پھینک ملاحی،

چت پٹ، چراغ، گٹھری، دوڑ بھاگ، سن، کشتی، غوطہ، اکوائی، دوٹنگڑی، آلتی پالتی، فیل، رقص، پیر دکھائی، دست بند، فلک رو، کٹورا، دھارا، بغل گیر، آنکھ مچولی، تہہ آب، پانی چیر، مگرمچھ، الٹی پلٹی، نماز، پلنگ، نوک جھونک، داؤپیچ، شمشیر۔

دلی کے پتنگ باز بھی مشہور تھے۔ بڑے بڑے ہاتھ لگتے تھے۔ قلعہ والوں اور شہر والوں کی تکلیں لڑتیں۔ اس موقع کے لئے دنوں پہلے سے اہتمام کیا جاتا تھا۔ کانپ ٹھڈے بڑی محنت سے تیار کئے جاتے، مانجھے سونتے جاتے، ذراڈور سے ڈور ملی اور ایک نہ ایک کٹی، لو وہ دو تکلوں کے منہ ملے اور دونوں نے ڈھیل دینی شروع کر دی۔ دونوں نے سیروں ڈور پلا دی۔ تکلیں تارا ہو گئیں۔ اب چٹکی ہی سے تکل کی کیفیت معلوم ہو رہی ہے۔ ایک نے ذرا پٹیا چھوڑا کہ دوسری نے وہیں غوطہ مارا۔ "وہ کاٹا وہ کاٹا" کا شور مچ گیا۔ کٹی ہوئی تکل کی ڈور ہاتھ پر سے توڑ دی گئی اور لوٹنے والوں نے جھٹ ساری ڈور لوٹ لاٹ انٹیاں بنالیں۔ اس دن اس کثرت سے گڈیاں اڑتیں کہ آسمان پٹ جاتا۔

دمڑ چل، ڈھیل چل، پیسیل، ادھا، کلڈما، للڈما، چپ، بری، شکرپارہ، پٹیئل، بھیڑیا، کلیجہ جلی، سیکڑوں قسم کی گڈیاں اڑتیں۔ کوئی ڈھیل دے کر کاٹتا، کوئی کھنچائی کرتا، کسی کی دال چپو ہو گئی، کوئی اینچم کئے لئے جاتا ہے، کوئی اپنی نوشیرواں پتنگ پر پھولا نہ سماتا۔ غرض دن بھر خوب لطف رہتا۔ ایسے پتنگ باز دلی میں اب تک موجود تھے جو پتنگ میں گجر الٹکا کر اڑاتے اور پتنگ کو غوطہ دے کر جس کے گلے میں گجر اڈالنا چاہئے ڈال دیتے، اور رات کو پتنگ میں قندیل باندھ کر اڑانا تو ایک عام بات تھی۔

***

دلی کے حوصلہ مند غریب

میاں شبو اور ان کے دوست جب چچا کے ٹھئے سے چلے تو شبو بولے، "میاں یہ بڈھا بڑا وضع دار ہے۔ تم اس کے میلے کپڑوں اور مفلسی کو نہ دیکھو۔ اس نے اپنی ضد کے پیچھے لاکھ کا گھر خاک کر رکھا ہے۔ بھلا یہ بھی کوئی جگہ ٹھیا لگانے کی ہے؟ ادھر تو رستہ ہی نہیں چلتا۔ آس پاس کوئی دکان نہیں ہے مگر بڈھا ہے کہ جما ہوا ہے۔ لگے بندھے گاہک ہیں۔ مشکل سے تین چار روپے روز کی دھیانگی ہوتی ہوگی، اسی میں خوش ہے۔ مسیتا میرٹھ والے کو دیکھو، کباب کیا بیچتا ہے، لونگ چڑے بیچتا ہے۔ مگر وہ کیا کہ دکان اچھی سجا رکھی ہے۔ بیس پچیس روپے روزانہ اٹھاتا ہے۔ یہ سامنے دیکھتے ہو کس کی دکان ہے۔ یہ ہاتھی دانت محل کہلاتا ہے۔ اس کا مالک دلی کا بہت بڑا ہندو رئیس ہے۔ چچا کو وس نے ہزاروں روپے اس بات کے دینے کئے کہ یہاں سے اٹھ جائیں، مگر چچا نے کہا، "میں اپنے بزرگوں کی ہڈیاں نہیں بیچتا۔ ہزار کیا لاکھ روپیہ بھی اگر دو تب بھی میں اپنے باپ دادا کا ٹھیا نہیں چھوڑوں گا۔ میاں ہم تو چچا کی انہی اداؤں پر مرتے ہیں۔ چچا نے سچ کہا، ان کے بعد دلی والے چپلیں ہی کھایا کریں گے۔"

یہی باتیں کرتے چاروں یار ہرے بھرے صاحب کے سامنے پہنچ گئے۔ یہاں دو قبریں ہیں۔ ایک قبر ہرے بھرے صاحب کی ہے اور ایک سرمد صاحب کی۔ ایک پر سبز چادر اور دوسری پر سرخ چادر پڑی رہتی ہے۔ یہاں فاتحہ پڑھنے کے بعد میاں شبو نے کہا،

"یہ لال قبر والے بزرگ بڑے جلالی تھے۔ انہیں اپنے تن بدن کا ہوش نہیں رہا تھا اور دین دنیا سے غافل ہو گئے تھے۔ بادشاہ نے ان کا سر اتروا دیا تو یہ اپنا سر ہتھیلی پر رکھ کر مسجد کی سامنے والی سیڑھیوں پر چڑھنے لگے۔ جو یہ پوری سیڑھیاں چڑھ جائیں تو قیامت ہی آ جائے۔ وہ تو کہو کہ ہرے بھرے صاحب نے روک لیا یہ کہہ کر کہ فقیر کو اتنا غصہ نہیں کرنا چاہئے۔ بس وہیں گر گئے۔"

ایک ساتھی نے کہا، "اماں استاد تم بھی ایسی بات کہتے ہو جو دھری جائے نہ اٹھائی جائے۔ بھلا کہیں ایسا بھی ہوتا ہے کہ کسی کا سر تن سے جدا ہو جائے اور وہ اپنا سر لے کر چلنے لگے؟" میاں شبو یہ سن کر سٹپٹائے بولے، "ابے میں کوئی وہاں کھڑا دیکھ رہا تھا۔ جو بزرگوں سے سنا تمہیں بتا دیا۔ تم لگے ھچے کے بچے کرنے، اماں نہیں مانتے تو جہنم میں جاؤ، لو چلو، آگے بڑھو۔"

مٹیا محل کے بازار کے نکڑ پر بائیں ہاتھ کو پان والے کی دکان تھی۔ اس میں بڑے بڑے آئینے لگے ہوئے تھے اور دکان بجلی کے قمقموں سے بقعہ نور بنی ہوئی تھی۔ سامنے برف کی ایک سلی رکھی ہوئی تھی جس پر لگے ہوئے پان دھرے تھے۔ یہ پان والا بھی عجب آن کا تھا۔ صرف دیسی پان اس کے ہاں ہوتے تھے۔۔۔ پرانا دیسی۔ چونے میں کیوڑا اور کتھے میں گلاب ملا ہوتا تھا۔ یہ صاحب ایک پان کبھی نہیں بناتے تھے۔ دو اوپر تلے رکھ کر بناتے تھے۔ لونگ، الائچی، جوتری، جائفل، بنارس کا مسالہ اور خدا جانے کیا کیا پان میں ڈال کر بیڑا بناتے تھے۔ اس پر چاندی کا ورق لپیٹتے اور خود اپنے ہاتھ سے گاہک کے منہ میں دیتے۔ گاہک کی چٹکی کیوں خراب ہو؟ ان کی یہ ادا سب کو بھاتی تھی۔ چاروں یاروں نے اس دکان سے پان کھایا۔ اتنے میں کگڑ والا اپنا بڑا سا حقہ لئے آ گیا۔ خمیرے کی خوشبو سے بازار مہک گیا۔ ان سے نہ رہا گیا، دو دو چار کش لئے، پیسے دئے اور آگے بڑھ گئے۔

سامنے پھول والے اپنی دکانیں سجائے بیٹھے تھے۔ ان کی سریلی آوازیں گونج رہی تھیں، "لپٹیں آ رہی ہیں موتیا میں، گجرات کے مکھانے۔" میاں شبو نے کہا، "یار میں گھر والی کے لئے جوہی کی بالیاں لے لوں ورنہ جاتے ہی ٹانگ لے گی کہ اتنی اوپر کیوں آئے؟" یہ کہہ کر پھول والے کی دکان کا رخ کیا۔ لال لال گیلے قند پر موتیا کا ڈھیر پڑا ہنس رہا ہے۔ دوسری طرف چنبیلی کی ڈھیری مسکرا رہی ہے۔ پھولوں کے گہنے بنے رکھے ہیں۔ میاں شبو نے جوہی کی بالیاں لیں، پھول والے نے ہرے ڈھاک کے پتوں کا دونا بنایا۔ اس میں بالیوں کا جوڑا رکھا، دو چار پھول موتیا کے اور ایک آدھ زرد چنبیلی کا بھی ڈال دیا۔ چار پیسے ہی میں کام ہو گیا۔ چتلی قبر کے چوراہے پر پہنچے تو کلن حلوائی کی دکان پر مٹھائیوں کے تھال سجے ہوئے نظر آئے۔ بجلی کی تیز روشنی میں ورق لگی مٹھائیاں دمک رہی تھیں۔ میاں شبو نظر بچا کر نکلے جا رہے تھے کہ کلن کی نظر ان پر پڑ گئی۔

"اماں خلیفہ، بات تو سنو، ارے بھئی ایسی بھی کیا بے مروتی کہ منہ پھیر کے نکلے جا رہئے ہو؟" میاں شبو چونک کر دکان کی طرف بڑھے، سلام کیا، "سلام ولیکم۔" کلن بولے "والیکم سلام، لو ذرا یہ قلاقند تو چکھو۔" قلاقند کا ایک ٹکڑا چھری سے کاٹ کر دیا۔ شبو نے منہ میں ڈالا تو بتاشے کی طرح گھل گیا اور کیوڑے کی خوشبو سے منہ مہک گیا۔ بولے، "بھئی واہ، کیا کہنے کلن استاد کے، لاؤ آدھ سیر باندھ دو۔"

کلن نے پیچھے سے ٹوکری اٹھائی، اس میں کاغذ بچھایا۔ آدھ سیر قلاقند تول کر کچے سوت سے ٹوکری کو باندھ بوندھ شبو کے حوالے کیا۔ چھ آنے سیر مٹھائی بکتی تھی۔ تین آنے کلن کو دے ایک ہاتھ میں پھولوں کا دونا اور ایک ہاتھ میں قلاقند کی ٹوکری لے کر چل پڑے۔ سوئی والوں کے نکڑ پر پہنچ کر یاروں سے رخصت ہوئے۔ گھر پہنچے تو دروازہ بند پایا۔ رات خاصی آ گئی تھی۔ دونا ٹوکری پر رکھ کر کنڈی بجائی تو اندر سے بڑبڑانے کی

آواز آئی اور کھٹ سے اندر کی کنڈی گری۔ دروازہ کھولا تو دیکھا کہ گھر والی بپھری ہوئی کھڑی ہے۔ اس سے پہلے کہ وہ سلواتیں سنائے اور دانتا کل کل ہو، میاں شبو نے کہا، "اری یہ تو لے کھڑی کیا گھور رہی ہے؟" بیوی کا غصہ ہوا ہو گیا اور باچھیں کھل گئیں۔ جھٹ دونا اور ٹوکری سنبھالی۔

اتنے میاں شبو کپڑے اتاریں اور تہمد باندھیں، بیوی نے دونا کھول کر بالیاں کانوں میں ڈال لیں اور تلے دانی میں سے سوئی تاگہ نکال کر پھولوں کی ایک لڑی بنا گلے میں ڈال لی۔ پھر چھینکے پر سے روٹیوں کی ڈلیا اتاری اور دستر خوان بچھانے لگی۔ میاں شبو نے آواز دے کر کہا، "اری رہنے دو۔"

بیوی نے تنک کر کہا، "باہر کھائی آئے میں بھی تو کہوں اتنی دیر کہاں لگائی۔ راہ تکتے تکتے آندھ آ گئی۔ چٹورپن کی عادت نہیں جاتی تمہاری باہر کی چکوتھیاں منہ کو لگ گئی ہیں۔"

"اری گدی برسوں کی برسات میں ایسا بھی ہو جاتا ہے۔ لے ورے آ یہ ناواں سنبھال۔" دھیانگی کے بچے ہوئے پیسے بیوی نے لے کر ازار بند میں باندھے۔

"اری وہ ٹوکری تو کھول، دیکھ وس میں کیا لایا ہوں تیرے لئے۔" اب ان میاں بیوی کو میٹھی میٹھی باتیں کرنے دیجئے۔ آیئے ہم آپ چلیں یہاں سے۔ رات سر پر چڑھتی آ رہی ہے۔

صبح سویرے ہی کاریگروں اور دستکاروں کو اپنے اپنے کام پر پہنچنا ہوتا ہے۔ گھر میں ناشتہ یا کھانا تیار کرنا گھر والیوں کے لئے مشکل ہوتا ہے، اس لئے ناشتہ بازار سے ہی آتا تھا۔ جو ذرا آسودہ حال تھے حلوے مانڈے اور پوری کچوریوں کا ناشتہ کرتے تھے۔ بچوں کے لئے مٹریاں منگائی جاتی تھیں، ان کے ساتھ روکن میں حلوہ ملتا تھا۔ چائے کا رواج تو اب

ہوا ہے۔ پہلے طرح طرح کے شربت پئے جاتے تھے۔ جاڑوں میں گرم دودھ پیا جاتا تھا، بعض گھروں میں کشمیری چائے اور قہوے کے فنجان چلتے تھے۔ مگر غریب غربا نہاری روٹی کھا کر کام پر سدھارتے تھے۔

نہاری سوائے دلی کے اور کسی شہر میں نہیں پکتی تھی۔ دوسرے شہروں میں پائے پکتے تھے اور انہی کو نہاری کہا جاتا تھا۔ دلی کی نہاری ایک قسم کا قورمہ ہی ہوتا تھا۔ اس میں بڑے گوشت کے صرف پارچے ہی ڈالے جاتے تھے، ہڈیاں گڈیاں نہیں ڈالی جاتی تھیں۔ ان مسالوں کے علاوہ جو قورمے میں پڑتے ہیں، شوربے کو گاڑھا کرنے کے لئے آلن بھی ڈالا جاتا تھا۔ نہاری کی دیگ چولہے میں جمی ہوتی تھی۔ جب دیگ میں پیاز سرخ کرنے کے بعد تمام مال مسالہ پڑ جاتا تو دیگ کے منہ پر کونڈا رکھ کر آٹے سے جما دیا جاتا تھا۔ دیگ کے نیچے موٹے موٹے کندے لگا کر آگ جلا دی جاتی، اور میاں بھٹیارے نچنت ہو، دکان بند کر گھر چلے جاتے۔ صبح منہ اندھیرے دکان پر پہنچ کر دیگ کھولتے تو نہاری پکی پکائی ملتی۔ گاہکوں کا ہجوم موجود ہوتا۔ جھپا جھپ برتنوں میں نکال نکال کر دینی شروع کر دیتے۔

خمیری روٹیوں کے لئے برابر میں تندور لگا ہوتا، گرم گرم روٹیاں تندور میں سے نکلتی رہتیں۔ کام پیشہ لوگ دو پیسے کی نہاری لیتے اور دو پیسے کی دو روٹیاں۔ روٹی کا آدھا پونا ٹکڑا بچ ہی رہتا اور چار پیسے میں ان کا پیٹ بھر جاتا۔ بس اب دن کو انہیں کھانے کی ضرورت پیش نہیں آئے گی۔ شام کو گھر آکر ہی روٹی کھائیں گے۔ یہ تھی نہاری، دلی کے غریبوں کا من بھاتا کھاجا۔ مگر نہاری کے مخصوص ذائقے کی وجہ سے جو گھر کے پکانے میں پیدا ہی نہیں ہوتا، امیروں اور رئیسوں نے بھی نہاری کھانی شروع کر دی تھی۔ پیسے کے نخرے اور چونچلے نہاری میں بھی در آئے۔ رات ہی کو برتن اور پیسے دکان پر بھجوا دیے

اور صبح کسی کو بھیج کر نہاری منگوالی، مگر جو زیادہ شوقین ہوتے صبح صبح دکان پر پہنچ لیتے اور بالاخانے میں جا براجتے۔ لڑکا آکر پوچھ جاتا، تھوڑی دیر میں دہکتی ہوئی انگیٹھی آجاتی۔ اس کے بعد بڑے سے بادیے میں نہاری آتی جس میں بھیجے اور نلیاں پڑی ہوتیں۔

ایک پیالے میں داغ ہوتا، یعنی پیاز ڈال کر کڑکڑایا ہوا خالص گھی۔ ایک رکابی میں ہری مرچیں، ہرا دھنیا، ادرک کی ہوائیاں، گرم مسالہ اور نمک کی پیالیاں ہوتیں اور ایک کٹا ہوا کھٹا۔ کم مرچیں کھانے والے نہاری کا روغن اتار کر الگ کر دیتے اور اس کے بدلے داغ کیا ہوا گھی ڈالتے۔ اس سے مرچیں کم ہو جاتیں اور کھانے والے خوب جی لگا کر کھاتے۔ نہاری ذرا ٹھنڈی ہوئی اور غوری انگیٹھی پر رکھی گئی، نہاری کھانے کا مزا جاڑوں ہی میں آتا ہے۔ جب چلّے کا جاڑا پڑ رہا ہو اور دانت سے دانت بج رہا ہو تو دانتوں پسینہ آجاتا ہے۔ نہاری کھانے کے بعد گاجر کا حلوہ لازم و ملزوم سا ہو گیا تھا۔ دلی کے مختلف محلوں میں نہاری والے تھے جن کے ہاں کی نہاری مشہور تھی۔

کراچی کے بعض اچھے ہوٹلوں میں کچھ اور نزاکتیں بھی پیدا کر لی گئی ہیں۔ مثلاً چھوٹے گوشت کی نہاری پکاتے ہیں، بلکہ مرغ کی نہاری بھی پکاتے ہیں اور جب آپ کے سامنے آتی ہے تو اس میں ابلے ہوئے انڈے بھی پڑے ہوتے ہیں۔ خدا جب حسن دیتا ہے نزاکت آ ہی جاتی ہے۔ دولت کے ساتھ نفاست آتی جاتی ہے مگر جو مزا اسنڈے کے گوشت کی عام نہاری میں ہوتا ہے وہ کسی اور گوشت کی نہاری میں نہیں ہوتا۔ اگر آپ کو مرغ ہی کھانا ہے تو مرغ مسلم کھایئے۔ چرغا کھایئے، غریب نہاری کو اس کے حال پر چھوڑیے۔ غریب اور امیر کا میل ہی کیا؟

دلی میں بعض ایسے منچلے نہاری والے بھی تھے جو گھر لے جانے کے لئے نہاری نہیں دیتے تھے۔ وہ کہتے تھے کہ یہ غریبوں کا کھاجا ہے، غریب ہی یہاں آکر کھاتا ہے۔ اگر ہم

امیروں کی پتیلیاں بھرنے لگیں تو غریب بیچارے کیا کھائیں گے؟ جاؤ میاں جاؤ، کوئی اور دکان دیکھو۔ یہاں امیروں کے لئے نہاری نہیں پکتی۔ مگر اب ایسے وضع دار لوگ کہاں؟ سب کے سب پیسے کے میت ہو گئے۔ نہاری والے کے ہاں نہاری لینے جایئے تو معلوم ہو گا کہ بک گئی۔

"اماں اتنے سویرے ہی بک گئی؟"

"جی ہاں ایک میاں جی آئے تھے وہ پوری دیگ ڈیوڑھے دام دے کر خرید کر لے گئے۔"

دلی کے غریبوں میں بھی یہ بات تھی کہ وہ کسی نہ کسی ہنر میں یکتا ہونا چاہتے تھے، چنانچہ جو ہنر یا فن انہیں پسند آتا اسے اس فن کے استاد سے با قاعدہ سیکھتے تھے۔ استاد اپنے شاگردوں سے پیسہ کوڑی نہیں لیتے تھے اس لئے بڑے بے نیاز ہوتے تھے۔ شاگرد خدمت کر کے استاد کے دل میں گھر کر لیتا تھا اور کسی بات سے خوش ہو کر استاد شاگرد کو دو چار گر بتا دیا کرتا تھا۔

در اصل خدمت لینے میں یہ گر پوشیدہ تھا کہ استاد شاگرد کی خو بو سے اچھی طرح واقف ہو جاتا تھا۔ استاد کو اندازہ ہو جاتا کہ شاگرد اس فن کا اہل بھی ہے یا نہیں۔ اطاعت و فرماں برداری کرتا ہے یا نہیں۔ جو کچھ ہم کہیں گے اسے مانے گا یا نہیں؟ اگر ہم نے بتایا اور اس نے نہ کیا تو ہماری بات نیچی ہو گی اور شاگرد کا کچا پن ہماری بدنامی کا باعث ہو گا، لہٰذا خوب کس لیتے تھے۔ کوڑی پھیرا بازار کا کراتے، برتن منجھواتے، گھر کی جھاڑو دلواتے، ہاتھ پاؤں دبواتے۔ جو ان ناگواریوں کو گوارہ کر لیتا، اسے اس کے ظرف کے مطابق اپنا فن یا ہنر سکھا دیتے۔ نااہل کو کبھی کوئی استاد کچھ نہ دیتا تھا۔ اناڑی کے ہاتھ میں تلوار دینا بندر کے ہاتھ میں استرا دینا ان کے نزدیک گناہ تھا۔

معمولی سی بات ہے پنجہ لڑانا، مگر دلی میں اس کے بھی استاد تھے۔ پنجہ لڑانا بھی ایک فن تھا اور اس کی بھی کچھ رکاوٹیں تھیں جنہیں استاد سے سیکھا جاتا تھا۔ دلی کے میر پنجہ کش کا نام بہت مشہور ہے۔ عام خیال یہ ہے کہ پنجہ لڑانے والوں کا خط خراب ہو جاتا ہے، مگر میر پنجہ کش نہ صرف پنجہ کشی کے استاد تھے بلکہ اپنے زمانے کے اعلیٰ درجہ کے خوش نویس بھی تھے۔ ان کی لکھی ہوئی وصلیاں دیکھ کر آج بھی آنکھوں میں نور آتا ہے۔ اٹھارہ سال پہلے تک دلی میں بعض نامی پنجہ کش تھے جو اپنے شاگردوں کو زور کراتے اور پنجے کے داؤ پیچ بتاتے تھے۔ ہم نے دیکھا ہے کہ دبلا پتلا سا نوجوان ہے جو ایک قوی ہیکل دیہاتی سے پنجہ پھنسائے بیٹھا ہے۔ دیہاتی کا چہرہ زور لگا لگا کر سرخ ہوا جا رہا ہے مگر نوجوان کا ہاتھ ٹس سے مس نہیں ہوتا۔ اس نے کچھ اس انداز سے انگلیاں چڑھا رکھی ہیں کہ دیہاتی کی ساری طاقت بیکار ثابت ہو رہی ہے۔

جب دیہاتی کامیاب نہیں ہوتا تو کہتا ہے، "نہیں جی، یوں نہیں میری انگلی اتر گئی تھی۔" پھر خوب انگلیاں جما کر کہتا ہے، "ہاں اب لو۔" مگر اب کے بھی اس کی پیش نہیں جاتی۔ کہتا ہے، "میاں جی اب تم موڑو۔" نوجوان اس کا پنجہ ایسے پھیر دیتا ہے جیسے موم کا ہو۔ دیہاتی حیران ہو کر کہتا ہے، "ٹھیرو میاں جی، مجھے اپنی انگلیاں تو جما لینے دو۔"

"لے بھئی چودھری، تو بھی کیا یاد کرے گا خوب گانٹھ لے۔ اچھا اب ہوشیار ہو جاؤ۔" اور پھر چودھری کا پنجہ نہیں رکتا اور پھرتا چلا جاتا ہے۔ دراصل ہنر اور فن میں گاؤ زوری نہیں چلتی۔ جبھی تو رستم زماں گاما پہلوان اپنے سے دوگنے پہلوانوں کو مار کر لیا کرتا تھا۔

لکڑی یا بنوٹ کا فن بھی ایک ایسا ہی فن ہے جس کا جاننے والا قوی سے قوی حریف کو نیچا دکھا سکتا ہے۔ یہ دراصل "بن اوٹ" ہے۔ یعنی اس کی کوئی روک نہیں ہے۔ استاد

گھنٹوں اس کے پینتروں کی مشق کراتے ہیں۔ بنوٹیوں میں مچھلی کی سڑپ ہونی چاہئے۔ اگر چستی پھرتی نہیں ہوگی، مار کھا جائے گا۔ لدھڑ آدمی کا کام نہیں ہے۔ یہ اتنا بڑا فن ہے کہ اس پر پوری پوری کتابیں لکھی گئی ہیں۔ مگر یہ فن سر تا پا عمل ہے، اس لئے کسی استاد سے سیکھے بغیر نہیں آتا۔

دلی کے ۱۹۴۷ء کے فسادات میں یہ تماشہ بھی دیکھا کہ جب ہندو لٹھ بندوں نے کسی محلے پر حملہ کیا تو چند مسلمان لونڈے لکڑیاں لے کر باہر نکلے اور کائی سی پھٹتی چلی گئی، لٹھ دھرے کے دھرے رہ گئے اور ہجوم دیکھتے ہی دیکھتے بھری ہو گیا۔ اپنی آنکھوں تو نہیں دیکھا، ہاں کان گنہگار ہیں کہ ایسے ایسے بھی بنوٹئے ہو گزرے ہیں جو تلوار یئے سے تلوار چھین لیتے تھے اور اس کی گٹھری بنا کر ڈال دیتے تھے۔ البتہ یہ کمال ہم نے ضرور دیکھا ہے کہ چارپائی کے نیچے کبوتر چھوڑ دیجئے، کیا مجال جو بنوٹیا اسے نکل جانے دے۔ یہی کیفیت بانک، پٹہ، گتکہ، چھری اور علمی مد کے ہنر مندوں کی تھی۔ بجلی سی چمکی اور حریف ختم۔

تیر اندازی کے تو ہم نے قصے ہی سنے ہیں البتہ بعض بڈھوں کی غلیل بازی دیکھی ہے۔ وہ غلیل، یہ آج کل کی دوشاخہ وائی کی شکل کی غلیل نہیں ہوتی تھی۔ یہ کوئی دو ہاتھ لمبے لچکدار بانس کو چھیل کر بنائی جاتی تھی۔ اس کے دونوں سروں کے درمیان دہرا تانت کھینچ کر باندھا جاتا تھا جس کی وجہ سے اس کی شکل کمان جیسی ہو جاتی تھی۔ دہرے تانت کے بیچوں بیچ دو انگل چوڑا کپڑا غلہ رکھنے کے لئے ہوتا تھا۔ جب غلیل استعمال میں نہ ہوتی تو اس کا چلہ اتار دیا جاتا تھا تاکہ بانس کے جھکاؤ کا زور قائم رہے۔ غلے خاص طور سے چکنی مٹی کے بنائے جاتے تھے۔ اگر زیادہ مضبوط درکار ہوتے تو چکنی مٹی میں روئی ملالی جاتی تھی اور گیلے غلوں کو دھوپ میں سکھا لیا جاتا تھا۔ دلی میں غلیل کا سچا نشانہ لگانے والے آخر

وقت تک باقی تھے۔ چور کے پاؤں کی ہڈی غلے سے توڑ دیتے تھے۔

جس زمانے میں مکہ سے مدینہ اونٹوں پر جایا کرتے تھے، تو دلی کے ایک غلیل باز بھی حج کو گئے تھے۔ انھوں نے سن رکھا تھا کہ بعض دفعہ بدو لوگ قافلے کو لوٹ لیتے ہیں۔ یہ صاحب اپنے ساتھ غلیل بھی لیتے گئے تھے۔ سوء اتفاق سے ان کے قافلہ پر بدوؤں نے حملہ کر دیا۔ بڑے میاں نے اپنی غلیل کچھ فاصلے پر پھینک دی اور سب کے ساتھ کجاوے میں اتر آئے۔ جب بدو قافلے کو لوٹ کر گٹھریاں باندھنے میں مصروف ہوئے، تو بڑے میاں نے لٹیروں کے سردار کی پیشانی پر ایسا تاک کر غلہ مارا کہ وہ چلا کر گر پڑا۔ اب جو بھی چونک کر دیکھتا کہ یہ کیا معاملہ ہے اس کی کن پٹی پر غلہ لگتا اور وہ ڈھیر ہو جاتا۔

جب کئی جوان لوٹ گئے تو بڑے میاں نے للکار کر کہا، "خیریت چاہتے ہو تو مال چھوڑ دو اور اپنے آدمیوں کو اٹھا کر لے جاؤ، ورنہ تم میں سے ایک بھی بچ کر نہیں جا سکے گا۔" بدوؤں نے کچھ توقف کیا تو انھوں نے اتنی دیر میں دو ایک کو اور لٹا دیا۔ لہٰذا لٹیروں نے جلدی جلدی اپنے زخمیوں کو اٹھایا اور وہاں سے چمپت ہو گئے۔

دلی میں ایسے بھی غلیل کے نشانہ باز کبھی تھے جو ایک غلہ ہوا میں اوپر مارتے اور جب وہ غلہ واپس آنے لگتا تو دوسرا غلہ اس پر مارتے اور دونوں غلے ٹوٹ کر ہوا میں بکھر جاتے۔

***

دلی کے بھانڈ اور طوائفیں

شاہی اور شہر آبادی کا تو ذکر ہی کیا، اب سے چالیس پچاس سال پہلے تک دلی میں ایک سے ایک منچلا رئیس تھا۔ ریاست تو خیر باپ دادا کے ساتھ ۱۸۵۷ء میں ختم ہو گئی تھی مگر فرنگی سرکار سے جو گزارا انہیں ملتا تھا، اس میں بھی ان کے ٹھاٹ باٹ دیکھنے کے لائق تھے۔ انہیں میں سے ایک بگڑے دل رئیس تھے جو اپنی شاہ خرچیوں کی وجہ سے نواب صاحب کہلانے لگے تھے۔ انہیں نت نئی سوجھتی تھی۔ قمری مہینے کی چودھویں رات کو ان کے ہاں وہ شب ماہ منائی جاتی تھیں۔ کبھی بیت بازی ہوتی تھی، کبھی مشاعرہ ہوتا، کبھی تاش، پچیسی اور شطرنج کی بازیاں ہوتیں۔ کبھی میر باقر علی داستان گو طلسم ہوشربا کی داستان سناتے۔ کبھی گانے بجانے کی محفل ہوتی اور کبھی ناچ نرت کی سبھا جمتی، رات کو کھانا سب نواب صاحب کے ہاں کھاتے۔

نواب صاحب کھانے کے شوقین تھے۔ ایک آدھ چیز خود بھی پکاتے تھے اور دوستوں کو کھلا کر خوش ہوتے تھے۔ دیوان خانے میں کھانے سے فارغ ہونے کے بعد کھلی چھت پر سب آ گئے۔ دری چاندنی کا فرش ہے۔ چاروں طرف گاؤ تکئے لگے ہوئے ہیں، مہمان ان کے سہارے ہو بیٹھے، حقے اور پیچوان لگ گئے۔ خمیرے کی لپٹیں آنے لگیں۔ گلاب پاش سے گلاب چھڑکا گیا، موتیا کے گجرے کنٹھے گلوں میں ڈالے گئے۔ چنگیروں میں چنبیلی کے پھول اور عطر میں بھیگی ہوئی روئی رکھی ہے۔ چاندی کے خاص

دانوں میں لال قند کی صافیوں میں دیسی پان کی گلوریاں رکھی ہیں۔ چوگھڑا الائچیاں، زردہ اور قوام علیحدہ رکھا ہے۔ پان کھائے گئے، حقے کے کش لگائے گئے۔ آپس میں بولیاں ٹھولیاں ہوئیں، آوازے توازے کسے گئے، ضلع جگت اور پھبتی بازی ہوئی۔ اتنے میں چاند نے کھیت کیا، چاند کے چڑھنے تک یونہی خوش گپیاں اور نوک جھونک ہوتی رہی۔

جب چاندنی خوب پھیل گئی تو نواب صاحب نے میر کلو کی طرف دیکھا۔ یہ میر کلو دیوان خانے کے مختار کل تھے۔ تمام انتظامات میر کلو ہی کیا کرتے تھے۔ نواب صاحب نے کہا، "کیوں صاحب کیا دیر دار ہے؟" میر کلو نے کہا، "حضور، حکم کا انتظار ہے۔" وہ بولے، "تو شروع کرو۔"

پہلو کے کمرے سے سبز رنگ کی پشواز پہنے ایک اجلے رنگ کی حسین عورت خراماں خراماں آکر سینے پر دونوں ہاتھ رکھ کر کھڑی ہوگئی۔ محفل پر اس نے ایک نظر ڈالی اور پھر نہایت ادب سے مجرا عرض کیا۔ اوہو! یہ تو موتی بھانڈ ہے۔ پیچھے دو سارنگی والے، ایک طبلہ نواز اور ایک مجیرے والا، اجلی پوشاکیں پہنے آکھڑے ہوئے۔ طبلے پر تھاپ پڑی، سارنگیوں پر لہرا شروع ہوا، طبلہ نواز نے پیش کار لگایا، موتی بھانڈ نے گت بھری تو یہ معلوم ہوا کہ اندر کے اکھاڑے کی پری اتر آئی۔ تین سلاموں پر چکر دار گت ختم ہوئی تو سب کے منہ سے ایک زبان ہو کر نکلا، "سبحان اللہ!"

موتی بھانڈ نے تسلیمات عرض کی۔ کوئی ایک گھنٹے تک کتھک ناچ کے مشکل توڑے سنائے، پھر لَے کی تقسیم ایک سے سولہ تک دکھائی، آخر میں تتکار کا کمال دکھایا۔ سب نے دل کھول کر داد دی۔ واقعی میں موتی بھانڈ نے اپنے فن میں کمال حاصل کیا تھا اور جب اس نے مور کا ناچ دکھایا تو اس کے تھرکنے پر محفل لوٹ گئی۔ نواب صاحب نے ناچ ختم ہونے پر اسے بلایا اور کہا، "موتی تم پر یہ فن ختم ہے۔ مور کا ناچ سبھی ناچتے ہیں مگر جس

سلسلے سے تم ناچتے ہو یہ اور کسی کے بس کی بات نہیں۔ بالخصوص ناچتے ناچتے جب مور اپنے پیروں کو دیکھتا ہے اور اس کی آنکھوں سے آنسو رواں ہو جاتے ہیں۔ اس کیفیت کو جس خوبی اور سچائی سے تم ادا کرتے ہو بس یہ تمہارا ہی حصہ ہے۔"

نواب صاحب نے یہ کہہ کر ایک اشرفی اور چند روپے انعام دیے۔ موتی بھانڈ نے انعام لے کر مؤدبانہ تین سلام کئے اور ہاتھ جوڑ کر کہا، "حضور کی ذرہ نوازی اور فن کی قدردانی ہے کہ اس غلام کو یوں سراہتے ہیں۔ ورنہ میں کیا میری بساط کیا؟ من آنم کہ من دانم۔"

یہ شائستگی اور علم مجلسی دلی کے فنکاروں میں اب سے نصف صدی پہلے تک موجود تھا۔ جب فنکار اور فن کی ناقدری ہونے لگی تو فنکار کا وقار اور فن کا اعزاز جاتا رہا۔ موتی کے بعد دلی میں نوری اور کلن جیسے بھانڈ رہ گئے تھے جو بھنڈیلوں اور نقالوں کے سہارے زندہ تھے اور کمینوں میں ان کا شمار ہوتا تھا۔ جس زمانے میں گانے بجانے کو عیب نہیں، ہنر سمجھا جاتا تھا، دلی کے شرفا اسے فن کی حیثیت سے سیکھتے تھے۔ دلی میں اچھے استادوں کی کمی نہیں تھی۔ کوئی ستارہ سیکھتا، کوئی طبلہ، کسی کو گانے کا شوق ہوتا تو راگ راگنیاں سیکھتا اور کسب و ریاض سے اس علم و فن میں اتنی مہارت حاصل کر لیتا کہ پیشہ ور بھی اس کا لوہا ماننے لگتے۔

گانے بجانے کے سلسلے میں دلی کی ڈیرہ دار طوائفوں کا مختصر سا تذکرہ بے جا نہ ہو گا۔ نئی تانتی اب سے پچاس سال پہلے کی طوائفوں کا صحیح تصور بھی نہیں کر سکتی۔ ڈیرے دار طوائفیں پیشہ نہیں کماتی تھیں اور نہ عام طوائفوں کی طرح مجرے کرتی تھیں۔ ان کے ٹھکانے دراصل تہذیبی ادارے ہوتے تھے جن میں تمیز، اخلاق اور شائستگی سکھائی جاتی تھی۔ ہر کس و ناکس ان کے ہاں جا بھی نہیں سکتا تھا۔ یہ ہمارے ہوش سے پہلے کی بات

ہے کہ شرفاء ان کے ہاں اپنے بچوں کو تہذیب سیکھنے کے لئے بھیجا کرتے تھے۔ دوانی جان اور چونی جان کی یادگار، موتی جان اور نوشابہ جان البتہ ۱۹۴۷ء تک دلی میں موجود تھیں جو نہایت مہذب مشہور تھیں۔ دوانی جان وہی تھیں جن کے بارے میں توتلے شہزادے مرزا چپاتی نے یہ شعر کہا تھا،

دِھستے دِھتسے ہو دئی اتنی ملت
تھات پیسے تی دوانی رہ دیئی

یعنی

گھستے گھستے ہو گئی اتنی ملٹ
سات پیسے کی دوانی رہ گئی

نوشابہ جان کا نام گانے اور ناچنے میں بھی نکلا ہوا تھا۔ دلی کے گنے چنے شرفا کے گھرانوں میں جایا کرتی تھیں اور اپنے کمال فن کا مظاہرہ کرتی تھیں۔ شعر بھی کہتی تھیں۔ دلی کی بیگماتی زبان بولتی تھیں۔ بولی ٹھولی اور ضلع جگت میں بھی نہیں چوکتی تھیں۔ اگر کبھی باہر سے قابل تکریم فنکار شہر میں آتے تو ان کی دعوت کرتیں، سو پچاس شرفا کو بھی بلاتیں۔ پہلے دستر خوان بچھایا جاتا، عمدہ کھانا کھلایا جاتا، اس کے بعد پان، حقہ، سگریٹ سے تواضع ہوتی۔ سب گاؤ تکیوں کے سہارے ہو بیٹھتے۔ فقرے بازی ہوتی، پھبتیاں کسی جاتیں۔ کسی کو نقل محل بنایا جاتا، یہ عموماً کوئی ثقہ بزرگ ہوتے، برجستہ شعر پڑھے جاتے، ہنسی مذاق کی باتیں ہوتیں، مگر کیا مجال جو ذرا سی بھی بیہودگی کسی سے ہو جائے۔

پھر بی جان کا اشارہ پاتے ہی سفردا (سپڑدار) آگے آکر سب کو سلام کرتے۔ سارنگئے غلاف اتار کر طربیں ملاتے، طبلہ نواز اپنی گٹھری کھول کر دائیں کو چھوٹی سی ہتھوڑی سے ملانے لگتے۔ ساز مل جاتے تو بی جان سامنے آکر بیٹھ جاتیں۔ دونوں سارنگئے

دائیں بائیں ہو بیٹھتے۔ طبلہ نواز پیچھے بیٹھتا۔ پھر ایک خادم تانپورہ لا کر بی جان کے سامنے پیش کرتا۔ بی جان نے پنچم کا تانپورہ ملایا۔ جب چاروں تار مل گئے تو سب نے کہا، "ماشاء اللہ!" طبلے والے نے تھاپ دی۔ دونوں کی لو مل گئی۔ بی جان نے سب سے اجازت چاہی اور وقت کا راگ بہاگ الاپنا شروع کیا۔

نوشابہ جان شاہی گایک استاد تان رس خاں کے بیٹے استاد امراؤ خان کی شاگرد ہیں۔ بھمیری آواز، درودیوار سے سر برسنے لگے۔ الاپ ختم کر کے بلمپت خیال "کیسے سکھ سوں" چار دم کے تلواڑے میں گایا۔ سب نے ان کے دم سانس کی تعریف کی۔ اس کے بعد درت خیال "اب رے لالن مینکو" تین تال میں سنایا۔ ایک تان آتی اور ایک جاتی۔ کسی نے مومن خاں کا شعر پڑھا۔

اس غیرت ناہید کی ہر تان ہے دیپک
شعلہ سا لپک جائے ہے آواز تو دیکھو

بی جان آداب بجالائیں، بولیں، "بزرگوں کا صدقہ ہے۔ یہ گائیکی خاص دلی کی ہے اگر اجازت ہو تو بادشاہ کی دو ایک بندشیں سناؤں۔" سامعین نے کہا، "نیکی اور پوچھ پوچھ؟ ضرور سنایئے۔" بی جان نے بہادر شاہ ظفر کا بنایا ہوا بگیسری بہار کا خیال سنایا۔

رت بسنت میں اپنی امنگ سوں
پی ڈھونڈن میں نکسی گھر سوں
رت بسنت میں۔۔۔
ملے تو لال گر وا لگالوں
پاگ بندھاؤں پیلی سرسوں
رت بسنت میں۔۔۔

رنگ ہے سبزہ نرگسی یاں کا

کہے شوق رنگ، رنگ واکا

ان بھیدن کو کوئی نہ جانے

واقف ہوں میں واکی جر سوں

رت بسنت میں۔۔۔

سب نے تعریف کی کہ واقعی میں شوق رنگ کی بندشیں سب سے الگ ہیں۔ بادشاہ موسیقی کے بھی بادشاہ تھے۔ ایک صاحب نے فرمائش کر دی کہ تان رس خان درباری کا وہ ترانہ بھی سنا دیجئے جس سے انہوں نے کدو سنگھ پکھاوجی کو نیچا دکھایا تھا۔ بی جان نے اپنے دادا استاد کا ترانہ "تانا تانانانا بیابیا، یار من "سنایا اور اتنا تیار کہ ساری محفل عش عش کر اٹھی۔

استادی گانے کے بعد ٹھمری اور دادرے کی فرمائش ہوئی۔ بی جان نے کھماچ کی ٹھمری شروع کی، "ناہیں پرت مئی کو چین۔" ایک صاحب بولے، "اگر زحمت نہ ہو تو بتایئے بھی۔" اب جو بی جان نے اس کے بھاؤ بتانے شروع کئے تو محفل تڑپ تڑپ اٹھی۔ دادرا "موری بندیا چمکن لاگی" بھی اسی انداز سے گایا۔ آخر میں مرزا غالبؔ کی غزل "دل سے تری نگاہ جگر تک اتر گئی۔" سنانی شروع کی۔ جب اس شعر پر پہنچیں،

وہ بادۂ شبانہ کی سرمستیاں کہاں

اٹھئے بس اب کہ لذت خواب سحر گئی

تو ایک بزرگ نے دونوں زانو پیٹ کر کہا، "ہے، ہے!"

اور جب مقطع سنایا۔

مارا زمانے نے اسد اللہ خاں تمہیں

وہ ولولے کہاں وہ جوانی کدھر گئی

تو ان بزرگ کی حالت غیر ہو گئی۔ آنکھوں سے آنسو جاری ہو گئے اور منہ پر رومال ڈال کر سسکیاں لینے لگے، انہیں دیکھ کر ساری محفل افسردہ ہو گئی۔ بی جان نے خادم کو اشارہ کیا، "چائے لاؤ۔" اور اپنی جگہ آکر بیٹھ گئیں۔ قریب بیٹھنے والوں نے کہا، "نوشابہ بائی، آج تو تم نے غضب کر دیا۔ کہتے ہیں کہ گانا چلتا ہوا جادو ہے۔ تم نے اس کہاوت کو سچ کر دکھایا۔"

بائی جی نے کہا، "یہ آپ لوگوں کا حسن سماعت اور اللہ کا کرم ہے۔"

خشک میوے اور تازہ پھلوں کے تھال آنے لگے۔ چائے آئی اور بی جان نے سب کو خود پیالیاں بنا بنا کر دیں۔ پھر وہی قہقہے چہچہے شروع ہو گئے۔ رات گئے محفل برخاست ہوئی۔ یہ ۱۹۳۰ء کی ایک یادگار محفل تھی جس کا نہایت مختصر آنکھوں دیکھا حال پیش کیا گیا۔ موتی جان پاکستان بننے کے بعد لاہور چلی آئیں۔ چند سال ہوئے ان کا انتقال ہو گیا۔ نوشابہ بائی دلی ہی میں ہیں۔ گوشہ گیری اور گمنامی کی زندگی بسر کر رہی ہیں۔ جب دلی اجڑ گئی تو اس کی محفلیں کیسے آباد رہتیں؟

ان کے جانے سے یہ کیا ہو گئی گھر کی صورت
نہ وہ دیوار کی صورت ہے نہ در کی صورت

مشہور گانے والیوں میں امیر جان پانی پت والی، کالی جان، کیٹی جان، شمشاد بائی، اللہ دی غازی آباد والی، نواب پتلی، مجیدن بائی اور کئی اونچے درجے کی گانے والیاں تھیں، جن کے ہاں شرفاء کی مخصوص نشستیں ہوتی تھیں۔ جب باہر بلائی جاتیں تو ہزار روپے روزانہ پر جاتی تھیں اور آئے دن ریاستوں اور رئیسوں میں بلائی جاتی تھیں، یہی ان کے تمول کا راز تھا۔ ان میں سے دو ایک کو چھوڑ کر باقی سب شکل و صورت کے اعتبار سے

واجبی واجبی ہی سی تھیں۔ مگر گانے کے وقت یہ معلوم ہوتا تھا کہ اندر کے اکھاڑے کی پریاں زمین پر اتر آئی ہیں۔ کیٹی جان کا رنگ کالا تھا مگر نور کا گلا پایا تھا۔ شامت اعمال ایک دن سبز رنگ کی ساڑی پہنے لال کنویں سے گزریں تو ایک کرخندار نے آوازہ کسا، "ابے شابو، دیکھ ریا ہے لو لگی کیری کو؟"

یہ پھبتی ایسی چپکی کہ چپک کر رہ گئی اور بی جان بھی اس پر جھوم گئیں۔

***

دلی کے چٹخارے

شاہ جہاں بادشاہ نے آگرہ کی مچ مچاتی گرمی سے بچنے کے لئے دلی کو حکومت کا صدر مقام بنانے کے لئے پسند کیا اور جمنا کے کنارے قلعہ معلّٰی کی نیو پڑی۔ یہاں ہو کا عالم تھا۔ دیکھتے ہی دیکھتے جمنا کے کنارے کنارے ہلالی شکل میں شہر آباد ہونا شروع ہو گیا۔ ہزاروں مزدور قلعہ کی تعمیر میں لگ گئے۔ ان کے بال بچے، کنبے، قبیلے والے سب مل ملا کر لاکھ ڈیڑھ لاکھ آدمی تو ہوں گے۔ ان کی ضروریات پوری کرنے کے لئے سودا سلف بیچنے والے بھی آ گئے۔ گھاس پھونس کی جھونپڑیاں اور کچے مکانوں کی آبادی میں خاصی چہل پہل رہنے لگی۔ لال قلعہ کے پہلو میں دریا گنج کے رخ متوسلین شاہی اور امیر امرا کے محلات، ڈیوڑھیاں اور حویلیاں بننی شروع ہو گئی۔ ادھر قلعہ کے سامنے پہاڑی پر جامع مسجد ابھرنی شروع ہوئی۔ شہر کے بازاروں کے نقشے بنے، جہاں اب پریڈ کا میدان ہے، یہاں اردو بازار، خانم کا بازار اور خاص بازار تھا۔ چاندنی چوک یہی تھا اور قلعہ کے چوک پر ختم ہوتا تھا۔ جا بجا نہروں اور باغوں سے شہر کو سجایا گیا تھا۔ جب قلعہ کی تعمیر مکمل ہوئی اور بادشاہ نے اس میں نزول اجلال فرمایا تو شاہ جہاں آباد سج سجا کر دلہن بنا۔

پہلا دربار ہوا تو بادشاہ نے خزانے کا منہ کھول دیا۔ مغل شہنشاہوں کی بے انتہا دولت پانی کی طرح بہنے لگی اور رعایا فارغ البال اور مالا مال ہو گئی۔ بادشاہ کے حکم کے مطابق بازاروں میں دنیا زمانے کی چیزیں موجود۔ اس کے علاوہ فرمان ہوا کہ روز مرہ سودا گلی گلی

اور کوچے کوچے پھیری والے آواز لگا کر بیچیں، چنانچہ دلی میں یہی دستور چلا آتا تھا کہ گھر بیٹھے ایک پیسے سے لے کر ہزار روپے کی چیز پھیری والوں سے بازار کے بھاؤ خرید لو۔

اصل میں پردہ نشین خواتین کی آسائش بادشاہ کو منظور تھی کہ جس کا جی چاہے اپنی ڈیوڑھی پر ضرورت کی چیز لے لے۔ دلی کی عورتیں بیٹی کا پورا جہیز گھر بیٹھے خرید کر جمع کر لیا کرتی تھیں۔ گھر سے قدم نکالنا برا سمجھا جاتا تھا، جس گھر میں ان کا ڈولا آتا تھا، اس گھر سے ان کی کھاٹ ہی نکلتی تھی۔ کنجڑے، قصائی، کمیرے، ٹھٹیرے، قلعی گر، بڑھئی، کھٹ بنے، بزاز، منیہار، فصل کا میوہ اور رُت کا پھل بیچنے والے، حد یہ کہ پھول والے تک بڑی دلکش آواز لگاتے تھے اور گلی گلی سودا بیچتے پھرتے تھے۔ ان کی آوازیں پھر کبھی آپ کو سنائیں گے، اس وقت تو صرف ایک آواز سن لیجئے۔

"ریشم کے جال میں ہلایا ہے، نکتیاں بنا قدرت کا اودابنا جلیبا کھالو۔" ایک تو بول دلکش، اس پر ترنم غضب۔ جی ادبدا کر یہی چاہتا ہے کہ سودے والا خالی نہ جانے پائے۔ گنڈے دمڑی کی اوقات ہی کیا؟ جھٹ آواز دی، "اے بھئی جلیبے والے، یہاں آنا۔"

"اچھا بوا" کہہ کر وہ ڈیوڑھی پر آ گیا۔ "ہاں بوا، کیا حکم ہے؟"

"اے بھئی حکم اللہ کا۔ دھیلے کا جلیبا دے جاؤ۔"

پھیری والا دھیلے کے ڈھیر سارے شہتوت دے گیا۔ اچھے زمانے، سستے سمے، پیسے میں چار سودے آتے تھے۔ دلی کے دل والے سدا کے چٹورے ہیں۔ شاید اس زبان کے چٹخارے کے ذمہ دار یہی چٹ پٹے پھیری والے ہیں جن کی سریلی آوازیں دل کو کھینچتی ہیں۔ شاید ہی کوئی سودے والا ہو جو کسی شوم کے گھر سے خالی جاتا ہو۔ دھیلی پاؤلا ہر گلی سے مل جاتا ہے۔ باہر والے دلی والوں کے یہ طور طریقے دیکھتے تو ان کی آنکھیں پھٹتیں۔ شاہی ۱۸۵۷ء کے ساتھ ختم ہوئی مگر دلی والوں کی زبان کا چٹخارہ اور شاہ خرچیاں پھر بھی نہ

گئیں۔

زبان کے چٹخارے کا ذکر آیا ہے تو اس شہر والوں کے ایک اسی پہلو کو لے لیجئے۔ دلی والوں کو اچھا کھانا اور طرح طرح کے کھانوں کا شوق تھا۔ یہ شوق انہیں ورثے میں ملا تھا۔ اگلے دلی والوں میں شاید ہی کوئی ایسا ہو جو بادشاہ سے بالواسطہ یا بلاواسطہ وابستہ نہ ہو۔ بادشاہ کی دولت میں سے حصہ رسد سب کو پہونچتا تھا۔ مہنگائی نام کو نہ تھی۔ روپے پیسے کی طرف سے فراغت، بے فکری سے کماتے تھے اور بے فکری سے اڑاتے تھے اور باتوں کی طرح کھانے پینے میں بھی قلعہ والوں کی تقلید کی جاتی تھی۔ ہر قسم کے کھانے رکابدار اور باورچیوں سے تیار کرائے جاتے تھے۔ ہفت ہزاری سے لے کر ٹکے کی اوقات والے تک، ہر ایک کو خود بھی اپنے ہاتھ کا کمال دکھانے کا شوق تھا۔ آخری بادشاہ بہادر شاہ ظفرؔ نے کئی کھانے ایجاد کئے جن میں سے مرچوں کا دلیہ آج بھی دلی والوں کے گھروں میں پکایا جاتا ہے۔ غریبوں میں اب بھی کسی کسی کے ہاں طاہری ایسی پکتی ہے کہ بریانی اس کے آگے ہیچ ہے۔ کبھی ان کے ہاں مونگ پلاؤ یا یخنی پلاؤ کھانے کا اتفاق ہو تو انگلیاں ہی چاٹتے رہ جائیے۔ ماش کی دال ایسی مزے دار کہ کوئی اور لگاون اس سے لگا نہیں کھاتے۔

گھروں کے علاوہ بعض بازار کے دکانداروں نے کسی ایک چیز میں ایسا نام پایا کہ آج تک ان کی مثال دی جاتی ہے، مثلاً گھنٹے والا حلوائی، چڑیا والا کبابی، سرکی والوں کا کھیر والا، پائے والوں کے چچا کبابی، قابل عطار کے کوچے کا حلوہ سوہن والا، شاہ گنج کا نواب قلفی والا، فراش خانے کا شابو بھٹیارا، لال کنویں کا حاجی نانبائی اور چاندنی چوک کا گنجا نہاری والا۔ یہ وہ نام ہیں جو دلی میں زبان زد عام تھے، ورنہ شاید ہی کوئی محلہ ایسا ہو جس میں ان سب سودے بیچنے والوں کی دکانیں نہ ہوں۔ مشہور دکانداروں کے ہاں سودا سلف صاف ستھرا، نفیس اور ذائقہ دار ہوتا ہے۔ پشت ہا پشت سے ان کے ہاں یہی کام ہوتا چلا آتا ہے۔ ان

کے خاندانی نسخے ان کے سینوں میں محفوظ رہتے ہیں اور کہا جاتا ہے کہ ہر کاروبار کی طرح ان کے بھی چند بھید ہوتے ہیں۔ عوام کے اس نظریے نے اتنی شدت اختیار کی کہ طرح طرح کی روایتیں اور افواہیں شہر میں پھیل گئی تھیں۔

چچا کبابی گولے کے کباب ایسے بناتے تھے کہ سارا شہر ان پر ٹوٹا پڑتا تھا۔ پائے والوں کے رخ جامع مسجد کی سیڑھیوں کے پہلو میں ان کا ٹھیا تھا۔ چچا کے دادا کے کباب بادشاہ کے دستر خوان پر جایا کرتے تھے۔ شہر میں مشہور تھا کہ چچا کے دادا جیسے کباب نہ تو کسی بنائے اور نہ آئندہ بنائے گا۔ ان میں کچھ ایسا سلونا پن پایا جاتا تھا کہ کھانے والا ہونٹ چاٹتا رہ جاتا تھا۔ ہم نے اکثر بڑے بوڑھوں سے پوچھا کہ آخر ان کبابوں میں اور ان کبابوں میں فرق کیا ہے؟ وہ کہتے، "میاں بس چپکے ہو جاؤ۔ کچھ کہنے کا مقام نہیں ہے۔"

"آخر کچھ تو بتائیے۔"

"میاں سمجھے بھی یہ سلونا پن کا ہے کا ہوتا تھا؟"

"نمک کا ہوتا ہوگا۔"

"اونھ۔ اماں آدمی کا گوشت کھلاتا تھا، آدمی کا۔"

"آدمی کا گوشت؟"

"اور نہیں تو کیا۔ جب وہ پکڑا گیا اور اس کے گھر کی تلاشی ہوئی ہے تو سیکڑوں کھوپڑیاں تہہ خانے میں نکلیں۔"

"آپ نے خود دیکھا تھا؟"

"خود تو نہیں دیکھا، البتہ کان گنہگار ہیں۔"

"روزانہ آدمی غائب ہوتے رہیں اور کوئی انہیں تلاش نہ کرے۔"

"کیا پتہ چل سکتا ہے؟ آدمیوں سے دنیا بھری پڑی ہے۔"

"مگر کھوپڑیاں آخر تہہ خانے میں کیوں بھر رکھی تھیں؟"

"اوہو بھئی مجھے کیا معلوم؟"

"مگر۔"

"اگر مگر کچھ نہیں۔ تمہاری تو عادت ہی حجت کرنے کی ہے۔"

ناراض ہو کر چلے گئے۔ لاحول ولا قوۃ۔ بھلا یہ بھی کوئی سمجھ میں آنے والی بات ہے؟ افواہوں کی دیوی بڑی بھیانک ہوتی ہے جو اپنی ہزاروں خاموش لٹکی ہوئی زبانوں سے ہوا میں بِس گھولتی رہتی ہے۔

اصل میں اجزائے ترکیبی کے صحیح اور خاص تناسب کی وجہ سے ایک مخصوص ذائقہ پیدا ہو جاتا ہے۔ پھر تاؤ بھاؤ بھی بڑی اہمیت رکھتا ہے۔ بھلا کھیر ایسی کونسی انوکھی چیز ہے؟ گھر گھر پکتی ہے مگر سرکی والوں کی دکان کے پیالوں میں کچھ اور ہی مزہ ہوتا تھا۔ وہی دودھ، چاول اور شکر کا آمیزہ ہے، مگر تناسب اور تاؤ بھی تو ہے، یہ معلوم ہوتا تھا کہ دولت کی چاٹ کھا رہے ہیں۔

شابو بھٹیارے کے ہاں کا شوربہ مشہور تھا۔ ان کا کہنا یہ تھا کہ، "ہمارے ہاں بادشاہی وقت کا شوربہ ہے۔"

"ارے بھئی بادشاہی وقت کا؟ یہ کیسے؟"

"اجی حضت یہ ایسے کہ ہم شوربے میں سے روزانہ ایک پیالہ بچالیتے ہیں اور اگلے دن کے شوربے میں ملا دیتے ہیں۔ یہ دستور ہمارے ہاں سات پیڑھی سے چلا آ رہا ہے۔ یوں ہمارا شوربہ شاہی زمانے سے چلا آتا ہے۔"

حاجی نانبائی کے ہاں یوں تو شادی بیاہ کے لئے خمیری، کلچے اور شیرمال تیار کئے جاتے اور ایسے ملائم کہ ہونٹوں سے توڑ لو، ان کا ہنر دیکھنا ہو تو فرمائش کر کے پکوا لیجئے۔ روٹیوں

کے نام ہی سن لیجئے، روغنی روٹی، بری روٹی، قیمہ بھری روٹی، بیسنی روٹی، گاؤدیدہ، گاؤ زبان، باقر خانی، شیر مال، بادام کی روٹی، پستے کی روٹی، چاول کی روٹی، گاجر کی روٹی، مصری کی روٹی، غوثی روٹی، نان منبہ، نان گلزار، نان قماش، تافتان، روَے کے پراٹھے، میدے کے پراٹھے، گول، چوکور، تکونے۔ غرض روٹی کی کوئی شکل اور ترکیب ایسی نہیں جوان کے تندور میں تیار نہ ہوسکتی ہو۔

حاجی نان بائی کا ذکر آیا تو یادش بخیر میاں گنجے نہاری والے یاد آ گئے۔ اصل میں نہاری والے نان بائی ہی ہوتے ہیں، بھٹیارے نہیں ہوتے۔ نہاری تو جاڑوں میں کھائی جاتی ہے۔ گرمیوں اور برسات میں نہیں کھائی جاتی۔ خالی دنوں میں نہاری والے اپنا تندور گرم کرتے ہیں اور روٹی پکانے پر ان کی گزر اوقات ہوتی ہے۔ ۴۷ء میں دلی اجڑنے سے پہلے تقریباً ہر محلے میں ایک نہاری والا موجود تھا۔ لیکن اب سے ۴۰۔ ۵۰ سال پہلے صرف چار نہاری والے مشہور تھے۔ انھوں نے شہر کے چاروں کھونٹ داب رکھے تھے۔ گنجے کی دکان چاندنی چوک میں نیل کے کٹرے کے پاس تھی اور شہر میں اس کی نہاری سب سے مشہور تھی۔

دلی سے باہر اکثر لوگ یہ بھی نہیں جانتے تھے کہ نہاری کیا ہوتی ہے۔ بعض شہروں میں یہ لفظ کچھ اور معنوں میں مستعمل ہے، مثلاً چوپایوں کو، خصوصاً گھوڑوں کو تقویت دینے کے لئے ایک گھولوا پلایا جاتا ہے جسے نہاری کہتے ہیں۔ بعض جگہ پایوں کو نہاری کہا جاتا ہے۔ دلی میں یہ ایک خاص قسم کا سالن ہوتا تھا جو بڑے اہتمام سے تیار کیا جاتا تھا اور بازاروں میں فروخت ہوتا تھا۔ اس کے پکانے کا ایک خاص طریقہ ہے اور اس کے پکانے والے بھی خاص ہوتے ہیں۔ نہاری کو آج سے نہیں ۱۸۵۷ء کے پہلے سے دلی کے مسلمانوں میں بڑی اہمیت حاصل ہے۔ یوں تو گھر میں بھی اور باہر بھی سیکڑوں قسم کے

قورمے پکتے ہیں مگر نہاری ایک مخصوص قسم کا قورمہ ہے جس کا پکانا سوائے نہاری والوں کے اور کسی کو نہیں آتا۔

اس کی پُخت وپز کی ایک خصوصیت یہ ہے کہ اسے ساری رات پکایا جاتا ہے اور پکنے کی حالت میں ہمہ وقت اس کا تاؤ مساوی رکھا جاتا ہے۔ اس کام کے لئے بڑی مشق و مہارت کی ضرورت ہے۔ تیسرے پہر سے اس کی تیاری شروع ہوتی ہے۔ دکان کی دہلیز کے پاس زمین میں گڑھا کھود کر ایک گہرا چولہا یا بھٹی بنائی جاتی ہے اور اس میں ایک بڑی سی دیگ اس طرح اتار کر جمادی جاتی ہے کہ صرف اس کا گلا باہر نکلا رہ جاتا ہے۔ چولہے کی کھڑکی باہر کے رخ کھلتی ہے۔ اس میں سے ایندھن ڈالا جاتا ہے جو دیگ کے نیچے پہونچ جاتا ہے۔ آگ جلانے کے بعد جیسے قورمے کا مسالا بھونا جاتا ہے۔ گھی میں پیاز داغ کرنے کے بعد دھنیا، مرچیں، لہسن، ادرک اور نمک ڈال کر نہاری کا مسالا بھونا جاتا ہے۔ جب مسالے میں جالی پڑ جاتی ہے تو گوشت کے پارچے، خصوصاً ادلے ڈال کر انھیں بھونا جاتا ہے۔ اس کے بعد اندازے سے پانی ڈال کر دیگ کا منھ بند کر دیا جاتا ہے۔

پکانے والے کو جب آدھ گلے گوشت کا اندازہ ہو جاتا ہے تو دیگ کا منہ کھول کر اس میں پچیس تیس بھیجے اور اتنی ہی نلیاں یعنی گودے دار ہڈیاں ڈال دی جاتی ہیں۔ شوربے کو لبدھڑا بنانے کے لئے آلن ڈالا جاتا ہے۔ پانی میں آٹا گھول کر آلن بنایا جاتا ہے۔ یہ دیگ ساری رات پکتی رہتی ہے اور اس کا تاؤ دھیما رکھا جاتا ہے۔ بارہ چودہ گھنٹے پکنے کے بعد جب علی الصبح دیگ پر سے کونڈا ہٹایا جاتا ہے تو دور دور تک اس کی اشتہاء انگیز خوشبو پھیل جاتی ہے۔ سب سے پہلے دیگ میں سے بھیجے اور نلیاں نکال کر الگ لگن میں رکھ لی جاتی ہیں۔ پھر گاہکوں کا بھگتان شروع ہوتا ہے۔ یہ کھانا چونکہ دن کے شروع ہوتے ہی کھایا جاتا ہے، اس لئے اس کا نام نہار کی رعایت سے نہاری پڑ گیا۔

ہاں تو ذکر تھا گنجے نہاری والے کا۔ دلی والوں کے علاوہ قرب وجوار سے بھی لوگ ان کی نہاری کھانے آیا کرتے تھے، خصوصاً علی گڑھ کالج کے لڑکے اتوار کو دھاوا بولا کرتے تھے۔ اسی سلسلے میں ہمیں بھی چند بار گنجے صاحب کی نہاری سے لطف اندوز ہونے کا موقع ملا۔ ان کی دکان گجر دم کھلتی تھی اور کھلنے سے پہلے گاہک موجود ہوتے تھے۔ کسی کے ہاتھ میں پتیلی، کوئی بادیہ، کوئی ناشتہ دان سنبھالے سردی میں سکڑتا، سوں سوں کرتا ٹہل لگا رہا ہے۔ نپی تلی ایک دیگ پکتی اور ہاتھوں ہاتھ بک جاتی۔ ذرا دیر سے پہونچے تو میاں گنجے نے معذرت کے لہجے میں کہا، "میاں اب خیر سے کل لیجئے گا اور ذرا سویرے آیئے گا۔"

نہاری کے مسالوں کا وزن اور پکانے کا طریقہ اوروں کو بھی معلوم ہے مگر وہ ہاتھ اور نگاہ جو استاد گنجے کو میسر تھی وہ کسی اور کو نصیب نہ ہوئی۔ اکثر لوگ خود ان سے دریافت بھی کرتے تھے کہ "آخر استاد کیا بات ہے کہ دوسروں کے ہاتھ نہاری میں یہ لذت نہیں ہوتی؟" وہ ہنس کر کہہ دیا کرتے تھے کہ "میاں بزرگوں کی جوتیوں کا صدقہ اور حضرت سلطان جی کا فیض ہے، ورنہ میں کیا اور میری بساط کیا۔"

استاد گنجے کے کردار پر روشنی ڈالنے سے پہلے ضروری ہے کہ کچھ ان کا سراپا بھی بیان کر دیا جائے۔ "گنجے" کے نام سے خواہ مخواہ ذہن میں ایک کراہت سی پیدا ہوتی ہے۔ نفیس مزاج اور نازک خیال لوگ تو گنجے کے ہاتھ کا پانی پینا بھی گوارہ نہیں کرسکتے۔ لیکن استاد کو سرے سے گنج کی بیماری تھی ہی نہیں۔ اصل میں ان کی چندیا کے بال جھڑ گئے تھے اور ٹانٹ صاف ہو کر تامڑا نکل آیا تھا، جس کے تین طرف چار انگل چوڑی بالوں کی ایک جھالر سی تھی۔

دلی کے چلبلی طبیعت والے بھلا کب چوکنے والے تھے۔ گنجے کی پھبتی ان پر کسی اور

یہ کچھ ایسی جمی کہ چپک کر رہ گئی۔ گندمی رنگ کا گول چہرہ، خشخشی ڈاڑھی، بڑی بڑی چمکدار مگر حلیم آنکھیں، باوجود نہاری فروشی کے ان کا لباس ہمیشہ صاف ستھرا رہتا تھا۔ لٹھے کا شرعی پاجامہ، نیچا کرتہ، کرتے پر بہت صوفیانہ چھینٹ کی نیم آستین، سر پر صافہ۔ کسرتی اور بھرا بھرا بدن، کوئی دیکھے تو سمجھے کہ بڑے خرانٹ ہیں۔ بات بات پر کاٹنے کو دوڑتے ہوں گے، مگر ان کی طبیعت اس کے بالکل برعکس تھی۔ بالعموم نامی دکاندار بڑے بدمزاج اور عصیل ہوتے ہیں، جیسے چچا کبابی کہ بڑے ہتھ چھٹ تھے اور مار پیٹ تک سے نہیں چوکتے تھے۔ استاد گنجے بڑے خلیق اور رکھ رکھاؤ کے آدمی تھے۔ ہم نے کبھی نہیں سنا کہ انہیں تاؤ آیا ہو یا کبھی ان کے منہ سے کوئی ناشائستہ کلمہ نکلا ہو۔ ہر گاہک سے چاہے وہ آنے دو آنے کا ہو، چاہے روپے دو روپے کا، بڑی نرمی سے بات کرتے اور مستقل گاہکوں کو تو اپنا مہمان سمجھتے تھے۔

استاد گنجے کے کردار میں سب سے نمایاں چیز ان کا علم اور انکسار تھا۔ حضرت نظام الدین اولیا سے جنھیں دلی والے سلطان جی کہتے ہیں، استاد گنجے کو بڑی عقیدت تھی اور یہ سلطان جی ہی کا روحانی تصرف تھا کہ استاد کا دل گداز ہو گیا تھا۔ وہ اپنی ساری کمائی غریبوں، مسکینوں اور محتاجوں کی امداد کرنے میں صرف کر دیا کرتے تھے۔

سلطان جی کی سترہویں میں اپنی دکان بڑے اہتمام سے لے جاتے تھے اور سارے دنوں میں جمعرات کے جمعرات درگاہ میں حاضری پابندی سے ہوتی تھی۔ روپے پیسے سے خوش تھے مگر دلی سے سلطان جی کی درگاہ پیدل جایا کرتے تھے۔ ہر موسم کے لحاظ سے محتاجوں کو کپڑا تقسیم کرتے تھے۔ ہر مہینے گیارہویں کی تیاری ان کے ہاں بڑی دھوم سے ہوتی۔ دن بھر لنگر جاری رہتا۔ جمعرات کو ان کی دکان پر فقیروں کی لنگتار رہتی اور سب کو پیسہ ٹکا ملتا۔ سب سے بڑی بات یہ تھی کہ دکانداری شروع کرنے سے پہلے اللہ نام کا

حصہ نکالا کرتے۔ اگر کوئی محتاج موجود ہوا تو پہلے اسے کھلایا ورنہ نکال کر الگ رکھ دیا۔ پھر دیگ میں سے بھیجے اور نلیاں نکال کر طباق میں رکھیں، تار اور رونق کو ایک بڑے بادیے میں الگ نکال لیا۔ اس کے بعد دکانداری شروع ہوئی۔

دکان میں بیسیوں پتیلیاں، دیگچے اور برتن رکھے ہیں۔ کسی میں دو روپے، کسی میں روپیہ، کسی میں بارہ آنے، کسی میں آٹھ آنے پڑے ہیں۔ شوقین اور قدر دان رات کو ہی اپنے اپنے برتن دے گئے ہیں کہ صبح کو مایوس نہ ہونا پڑے۔ سب سے پہلے انہی برتنوں کی طرف استاد کی توجہ ہوتی ہے۔ بڑی تیزی اور پھرتی سے ہاتھ چلاتے ہیں، ادھر گاہکوں کے ٹھٹ کے ٹھٹ لگے ہیں۔ ان کی آرائش کا بھی انہیں خیال ہے۔ گاہک بھی جانتے ہیں کہ جن کے برتن پہلے آ گئے ہیں، انہیں نہاری پہلے ملے گی۔ کسی باہر والے نے، جو یہاں کے قاعدے قرینے نہیں جانتا، جلدی مچائی تو استاد نے رسان سے کہا، "ابھی دیتا ہوں۔ جو پہلے آیا ہے اسے اگر پہلے نہ دوں گا تو شکایت ہوگی۔"

برتنوں کی لین ڈوری ختم ہوئی تو گاہکوں کا بھگتان شروع ہوا۔ دو روپے سے دو پیسے تک کے خریدار موجود اور سب کو حصہ رسد ملتا ہے۔ تین گھنٹے میں ڈیڑھ دو سو گاہکوں کو نہاری دی اور دیگ سخی کے دل کی طرح صاف ہوگئی۔ اب جو کوئی آتا ہے تو بڑی انکساری سے کہتے ہیں، "میاں معافی چاہتا ہوں۔ میاں اب کل دوں گا، اللہ نے چاہا تو اللہ خیر رکھے، کل کھائیے گا۔" سبحان اللہ، کیا اخلاق تھا اور کیسی وضعداری تھی۔ آگ اور مرچوں کا کام اور اس قدر ٹھنڈے اور میٹھے! دوسروں کو دیکھئے گالی گلوج، دھکا مکی اور لپاڈگی کی نوبت رہتی ہے۔

استاد گنجے کے ہاں دو قسم کے گاہک آتے تھے۔ ایک وہ جو خرید کر لے جاتے تھے اور دوسرے وہ جو وہیں بیٹھ کر کھاتے تھے۔ وہیں بیٹھ کر کھانے والوں کے لئے دکان کے

اوپر کمرے میں نشست کا انتظام تھا۔ یہ ایک چھوٹا سا صاف ستھرا کمرہ تھا جس میں چٹائیاں بچھی رہتی تھی۔ اس کمرے میں ایک ایک دو دو آدمی بھی کھاتے تھے اور دس دس بارہ بارہ کی ٹولیاں بھی۔ استاد سے جتنا جتنا اور جو جو سودا کہا جائے اتنا ہی دیتے تھے، اپنی طرف سے اس میں کمی بیشی نہیں کرتے تھے۔ مستقل گاہکوں کا بہت لحاظ کرتے تھے۔ بڑے مزاج شناس تھے اور ان کی یادداشت بھی غضب کی تھی۔ صورت دیکھتے ہی کہتے، "فرمایئے حکیم صاحب، کیا حکم ہے، حکیم صاحب قبلہ تو خیریت سے ہیں؟"

"ہاں ڈپٹی صاحب، ارشاد؟ بڑے ڈپٹی صاحب کے دیدار تو روزانہ شام کو ہو جاتے ہیں۔"

"ہاں میاں، آپ فرمایئے؟ وکیل صاحب سے میر اسلام عرض کیجئے گا۔"

استاد گنجے کی نہاری دلی کے سب شرفا کے ہاں جاتی تھی۔ ان کی سات پشتیں اسی دلی میں گزری تھیں۔ سارا شہر ان کو جانتا تھا اور یہ بھی دلی کی دائی بنے ہوئے تھے۔ شہر آبادی اور شہر آبادی بعد کے سارے خاندان اور ان کے روددار افراد انھیں ازبر تھے۔ کبھی موج میں ہوتے تو مزے مزے کی باتیں بھی کر لیتے۔ "جی چاہتا ہے کہ ڈپٹی صاحب کو ایک دن تحفہ نہاری کھلاؤں۔ اللہ نے چاہا تو اب کے وہ نہاری کھلاؤں گا کہ چلے کے جاڑوں میں پسینہ آ جائے۔"

"ہاں میاں تو آپ کے لئے کیا بھیجوں؟"

"استاد، چھ آدمیوں کے لئے نہاری کمرے پر۔"

بس اس سے زیادہ آپ کو کہنے کی اور ان کو سننے کی ضرورت نہیں۔ انہیں معلوم ہے کہ آپ کی نہاری کا کیا لوازمہ ہوتا ہے۔ ظاہر ہے کہ آپ کے ساتھی بھی آپ کے ہم مذاق ہی ہوں گے۔ فی کس پاؤ بھر نہاری کے اندازہ سے انھوں نے نہاری ایک بڑے سے

بادیئے میں نکالی۔ گھی آدھ پاؤ فی کس کے حساب سے داغ کرنے انگیٹھی پر رکھ دیا۔ اتنے گھی تیار ہو، انھوں نے چھ بھیجے توڑ صاف صوف کر نہاری میں ڈال دیئے اور بارہ نلیاں بھی اس میں جھاڑ دیں۔ اوپر سے کڑ کڑاتا گھی ڈال تانبے کی رکابی سے ڈھک دیا۔ لڑکے کو آواز دے کر پہلے غوریاں اور چمچہ اوپر بھیجا۔ لڑکے نے اوپر پہونچ کر کھونٹی پر سے کھجور کا بڑا سا گول دستر خوان بیچ میں بچھا دیا اور اس پر غوریاں چن دیں۔ پھر لپک کر نیچے آیا اور نہاری کا بادیہ احتیاط سے اوپر پہونچا دیا۔

پھر آفتابہ اور سلفچی لے کر ایک کونے میں کھڑا ہو گیا۔ اتنے وہ ہاتھ دھلائے دوسرا لڑکا تھئی کی تھئی خمیریاں اور ایک رکابی میں گرم مسالہ، ادرک کی ہوائیاں، ہری مرچیں اور کھٹار کھ گیا۔ سب دستر خوان پر ہو بیٹھے تو وہی لڑکا دہر دہر جلتی انگیٹھی ایک سینی میں ان کے پاس رکھ گیا۔ لڑکا روٹی سینک سینک کر دیتا جاتا ہے۔ دوستوں کے قہقہے چہچے ہوتے جاتے ہیں۔ گھی نے نہاری کی لذت بڑھانے کے علاوہ مرچوں کا دف بھی مار دیا ہے۔ نہاری ذرا ٹھنڈی ہوئی اور غوری انگیٹھی پر رکھی گئی۔

لیجئے، استاد نے آپ کے دوستوں کے لئے ایک خاص تحفہ بھیجا ہے۔ تنور میں سے گرم گرم روٹیاں نکال کر گھی میں ڈال دیں اور روٹیاں گھی پی کر ایسی خستہ اور ملایم ہو گئی ہیں جیسے روئی کے گالے۔ واہ واہ! کیا مزاج دانی اور اداشناسی ہے! جبھی تو آج تک گنجے نہاری والے کو دلی والے یاد کرتے ہیں۔

یہ تو خیر امیروں کے چونچلے ہیں۔ اصل میں نہاری غریب غربا کا من بھاتا کھاجا ہے۔ دستکار، مزدور اور کاریگر صبح صبح کام پر جانے سے پہلے چار پیسے میں اپنا پیٹ بھر لیتے تھے۔ دو پیسے کی نہاری اور دو پیسے کی دو روٹیاں ان کے دن بھر کے سہارے کو کافی ہوتیں۔ گھر میں علی الصبح چار پیسے میں بھلا کیا تیار ہو سکتا ہے؟

سستے اور بابرکت سمے تھے۔ ایک کماتا دس کھاتے تھے۔ اب دس کماتے ہیں اور ایک کو نہیں کھلا سکتے۔ وہ وقت نہیں رہے۔ میاں گنجے نہاری والے بھی گزری ہوئی بہاروں کی ایک چٹ پٹی داستان بن کر رہ گئے۔

سدا رہے نام اللہ کا۔

* * *

دلی کی شاہ جہانی دیگ کی کھرچن

اب سے چالیس پینتالیس سال پہلے تک دلی میں شاہجہانی دیگ کی کھرچن باقی تھی۔ بڑے وضع دار لوگ تھے یہ دلی والے۔ جب تک جیتے رہے ان کی وضع میں کوئی فرق نہیں آیا۔ ہر شخص اپنی جگہ پر ایک نمونہ تھا، ایک نگینہ تھا دلی کی انگوٹھی میں جڑا ہوا۔ انہیں دیکھ کر آنکھوں میں روشنی آجاتی اور ان کی باتیں سن کر دل کا کنول کھل جاتا، خوش مذاق، خوش صفات، اب ایسے لوگ کہاں پیدا ہوں گے؟ یہ ایک مخصوص تہذیب کی پیداوار تھے اور اس تہذیب کی شمع گل ہوگئی اور شمع کے ساتھ پروانے بھی رخصت ہوئے۔

میر ناصر علی دہلوی یہ صاحب جو کمان کی طرح جھکے جھکے، پیچھے ہاتھ باندھے چوک پر کباڑیوں میں پھر رہے ہیں، خان بہادر میر ناصر علی ہیں۔ اسی سے اوپر ہیں مگر فراش خانہ سے جامع مسجد روزانہ پیدل آتے جاتے ہیں۔ آندھی جائے مینہ جائے ان کا پھیرا ناغہ نہیں ہوتا۔ انہیں پرانی چیزیں جمع کرنے کا شوق ہے اس لیے چوک پر بیٹھنے والے کباڑیوں میں گھومتے پھرتے ہیں۔ کباڑیے بھی انہیں خوب جان گئے ہیں۔ جو چیز کوڑیوں کے مول لاتے ہیں، میر صاحب سے ان کے روپے بناتے ہیں مگر میر صاحب ان کے جھانسوں میں کم ہی آتے ہیں، یہ اشرفیوں کی چیز روپوں میں ان سے خریدتے ہیں، کبھی میر صاحب کے گھر جا کر آپ دیکھتے تو آپ کو معلوم ہوتا کہ ایک چھوٹا سا نگار خانۂ چین ان

کے گھر میں اتر آیا ہے۔

یہ وہی ناصر علی ہیں جو "تیرہویں صدی" میں سرسید سے الجھتے سلجھتے رہے۔ ان کے باپ دادا شاہی مناظرہ کرنے والے تھے، یوں میر صاحب کو دین کی تعلیم پہنچی ہوئی تھی۔ سرسید انہیں "ناصح مشفق" کہتے تھے۔ صاحب طرز ادیب تھے، اب سے پچاس ساٹھ سال پہلے ان کا طوطی بولتا تھا۔ ان کا آخری پرچہ "صلائے عام" تھا جو ربع صدی تک جاری رہا اور ان کے ساتھ ہی رخصت ہوا، ان کا کتب خانہ دلی کے بہترین کتب خانوں میں شمار ہوتا تھا۔ صورت سے قلندر معلوم ہوتے تھے۔ جب بولنے پر آتے تو سمندر بن جاتے۔ ادب، فلسفہ، مذہب، تاریخ کے جوار بھاٹے آنے لگتے، اپنے آگے کسی کو نہ گردانتے تھے، سب کو طفل مکتب جانتے تھے، مزاج کے کڑوے تھے اور باتیں اکثر کسیلی کرتے تھے، نمک کے محکمے میں ساری عمر نوکر رہے۔ جتنے عرصے ملازمت کی اس سے زیادہ عرصہ تک پنشن لی۔ اتنے جئے کہ ہم عمروں میں کوئی باقی نہ رہا۔ شاید اسی وجہ سے چڑچڑے ہو گئے تھے۔

دلّی میں حضرت خواجہ باقی باللہ کی درگاہ میں جو راستہ شمال سے جاتا ہے، اس پر ایک بزرگ کا مزار ہے جس پر یہ شعر لکھا ہوا ہے۔

فاتحہ مرقد ویراں پہ بھی پڑھتے جانا
ان سے کہہ دو جو ہیں اس راہ کے گزرنے والے

ان ہی حافظ ویراں کے میر صاحب مرید تھے، مگر میر صاحب اپنی بعد کی زندگی میں پیری مریدی کے سخت خلاف ہو گئے تھے۔ میر صاحب کے لباس میں نفاست بہت تھی۔ لباس صاف ستھرا ہوتا تھا، کھانا من بھاتا کھاتے تھے، چائے بڑے اہتمام سے پیتے تھے۔ کہیں آتے جاتے نہیں تھے۔ کسی سے ملتے جلتے نہیں تھے۔ جتنا وقت ملتا تھا مطالعہ

میں گزارتے تھے۔ ہزاروں شعر اردو فارسی کے انہیں یاد تھے۔ اپنے مضامین میں ان اشعار کا نہایت موزوں صرف کرتے تھے۔ میر صاحب جیسی نثر کسی اور کو لکھنی نصیب نہ ہوئی۔ مرض الموت میں شدید تکلیف اٹھائی مگر پیشانی پر شکن تک نہ آئی۔ بڑے صابر و ضابط آدمی تھے۔ مرنے سے کچھ دیر پہلے بیٹے نے مزاج پرسی کی تو بولے،

سفینہ جب کہ کنارے پہ آلگا غالبؔ
خدا سے کیا ستم وجور ناخدا کہئے

نواج سراج الدین احمد خاں سائلؔ دہلوی گورا رنگ، کشادہ پیشانی، غلافی آنکھیں، سنہرے فریم کی عینک، ستواں ناک، موزوں دہن، کترواں لبیں، بھرواں گول سفید داڑھی، بھاری ڈیل، سروقد، اونچی چولی کا انگرکھا، آڑا پاجامہ، پاؤں میں وارنش کا پمپ شو، دائیں ہاتھ میں چھڑی، بائیں ہاتھ میں لمبا سا سگار، بڑے شاندار آدمی تھے نواب سائل۔ لوہارو کے نواب زادوں میں سے تھے، بہت بڑے اور مشہور شاعر، اور اس سے بڑھ کر شریف انسان، فصیح الملک داغؔ کے داماد تھے اور شاگرد بھی۔

داغؔ کا جب انتقال ہوا اور جانشینی کا جھگڑا آن پڑا تو سائلؔ نے اعلان کر دیا کہ داغؔ کے سب شاگرد داغؔ کے جانشین ہیں، اس زمانہ میں بہت سے استاد اپنے نام کے ساتھ جانشین داغؔ لکھتے تھے مگر نواب سائلؔ نے کبھی اس کا ادعا نہیں کیا۔ مشاعروں میں اکثر شریک ہوتے اور اپنے مخصوص ترنم میں غزل سناتے تھے، مگر جب مشاعروں میں بے ہودگیاں ہونے لگیں تو نواب سائلؔ نے شریک ہونا چھوڑ دیا تھا۔ بیخودؔ دہلوی بھی داغؔ کے ارشد تلامذہ میں سے تھے اور سائلؔ کو اپنا حریف سمجھتے تھے۔ استاد بیخودؔ تحت اللفظ میں پڑھتے تھے اور انہیں بھی داد بہت ملتی تھی مگر سائلؔ کا ترنم مشاعرہ لوٹ لیتا تھا۔ اس پر بیخودؔ جھنجھلا جاتے اور جو منہ میں آتا کہنا شروع کر دیتے۔

سائلؔ بہت سمائی کے آدمی تھے، خاموش رہتے مگر ان کے شاگرد بھڑک اٹھتے اور دونوں استادوں کے شاگردوں میں فساد ہو جاتا۔ نتیجہ یہ کہ ایک زمانہ میں مشاعرے ہی بند ہو گئے تھے مگر اس درجہ اختلاف پر بھی ان دونوں بزرگوں میں خلوص و محبت کے تعلقات آخر تک قائم رہے، نواب سائلؔ نے اپنے بیٹے کو استاد بیخودؔ کی شاگردی میں دے رکھا تھا۔

مرنے سے چند سال پہلے نواب سائلؔ کے کولہے کی ہڈی ٹوٹ گئی تھی اور وہ چلنے پھرنے سے معذور ہو گئے تھے۔ گھر پر انہوں نے ایک رکشا رکھ لی تھی، اسی میں آتے جاتے تھے، روزانہ شام کو اردو بازار میں ایک کتب فروش کی دکان کے آگے وہ اپنی رکشا میں بیٹھے دکھائی دیتے، یہیں ان سے بہ آسانی ملاقات ہو جاتی تھی، ایک دفعہ آبدیدہ ہو کر فرمایا، "مجھے وہ وقت یاد آتا ہے جب میرے والد کی ڈیوڑھی پر ان کا ہاتھی آتا تھا، میں لپک کر اس کی دم پکڑ کر چڑھ جاتا تھا، یا اب یہ وقت ہے کہ دو قدم بھی نہیں چل سکتا۔"

اردو فارسی میں ان کی قابلیت مسلم تھی، پنجاب یونیورسٹی کے ممتحن بھی تھے، چھوٹے بڑے سب سے اچھی طرح پیش آتے تھے، اس لیے اکثر طالب علم انہیں گھیرے رہتے تھے۔ ایک دن اس شعر پر چند دوستوں میں بحث چل نکلی۔

خواہیم از خدا و نخواہیم از خدا
دیدن رخ حبیب و ندیدن رُخِ رقیب

لف و نشر مرتب کے اعتبار سے اس شعر کی صورت یوں بنتی ہے،

خواہیم از خدا دیدن رُخِ حبیب
نخواہیم از خدا نہ دیدن رُخِ رقیب

لہٰذا شعر کا مطلب خبط ہو جاتا ہے۔ چنانچہ یہ مسئلہ نواب سائلؔ کے سامنے پیش کیا

گیا۔ پہلے تو وہ بھی چکرائے مگر غور کرنے کے بعد بولے، "کتابت کی غلطی معلوم ہوتی ہے، رقیب کے بدلے حبیب ہونا چاہیے۔"

نواب سائلؔ بلیرڈ بہت اچھی کھیلتے تھے، کلبوں میں انگریز ان کے ساتھ کھیلنے کے خواہش مند رہتے تھے، لباس تراشنا بہت اچھا جانتے تھے، انگرکھا، سوٹ، اوورکوٹ، شیروانی، ہر لباس تراش لیتے تھے، کاڑھنا بھی خوب جانتے تھے، کسی پر مہربان ہوتے تو اسے اپنے ہاتھ کا کڑھا ہوا رومال عنایت فرماتے تھے۔ آخر میں مثنوی جہانگیر و نور جہاں لکھ رہے تھے، کئی لاکھ شعر کہہ چکے تھے، مگر یہ مثنوی ختم نہیں ہوئی اور عمر تمام ہوگئی۔

نواب شجاع الدین احمد خاں تاباںؔ دہلوی نواب سائلؔ کے بڑے بھائی تھے نواب تاباںؔ۔ بالکل ان ہی کی طرح میدہ و شہاب رنگ، ویساہی ڈیل ڈول، ناک نقشہ اور لباس۔ مگر دونوں بھائیوں کے مزاج میں زمین آسمان کا فرق تھا۔ بڑے بھائی کو چھوٹے بھائی سے نہ جانے کیا کد تھی کہ ہمیشہ برا بھلا ہی کہتے رہتے تھے بلکہ برملا گالیاں تک دینے سے نہ چوکتے تھے اور گالی بھی ایک سے ایک نئی تراشتے تھے۔ سائلؔ بیچارے سر جھکا کر کہتے۔ "بھائی جان، آدھی مجھ پر پڑ رہی ہیں اور آدھی آپ پر۔" اس پر وہ اور بھڑک اٹھتے اور وہ ملاحیاں سناتے کہ دھری جائیں نہ اٹھائی جائیں۔ مگر کیا مجال جو سائلؔ صاحب کی تیوری پر بل آجائے، وہ بھائی کی بزرگی کا اتنا احترام کرتے تھے کہ اونچی آواز میں بھی ان کے سامنے نہیں بولتے تھے۔

نواب تاباںؔ بھی شاعر تھے، اردو میں بھی شعر کہتے تھے اور فارسی میں بھی۔ حکیم اجمل خاں کے ہاں شرفائے دہلی کا جمگھٹا رہتا تھا۔ حکیم صاحب بھی طرفہ خوبیوں کے آدمی تھے، یہ جتنے بڑے طبیب تھے اتنے ہی بڑے شاعر بھی تھے۔ ایک دفعہ شبلی نعمانی دلّی آئے تو حکیم صاحب کے ہاں مہمان ہوئے۔ نواب تاباںؔ کی تعریف غائبانہ بہت کچھ

سن چکے تھے، ان سے ملنے کے خواہش مند ہوئے۔ حکیم صاحب نے سوچا کہ نواب صاحب کو اگر یہاں بلایا گیا تو کہیں ایسا نہ ہو کہ وہ اس بات کا برا مان جائیں، لہٰذا ایک صاحب کے ساتھ شبلی کو ان کے گھر بھیج دیا۔ نواب صاحب نے بڑے تپاک سے ان کا خیر مقدم کیا، عزت سے بٹھایا، خاطر تواضع کی۔

شبلی کی فرمائش پر اپنی غزل سنانی شروع کی، شبلی بھی ذرا مدمغ آدمی تھے خاموش بیٹھے سنتے رہے، تاباںؔ نے دیکھا کہ مولانا ہوں ہاں بھی نہیں کرتے تو چمک کر بولے، "ہاں صاحب، یہ شعر غور طلب ہے۔" یہ کہہ کر غزل کا اگلا شعر سنایا۔ مولانا نے اوپری دل سے کہا، "سبحان اللہ! اچھا شعر کہا ہے آپ نے۔" بس پھر تاباںؔ آئیں تو جائیں کہاں؟ بولے، "ابے لنگڑے! میں نے تو یہ شعر تین دن میں کہا اور تو نے ایک منٹ میں اسے سمجھ لیا؟ بیٹا، یہ شعر العجم نباشد!" اس کے بعد ان کا گالیوں کا پٹارہ کھل گیا اور مولانا شبلی کو اپنا پنڈ چھڑانا مشکل ہو گیا۔ ویسے اپنی روزمرہ کی زندگی میں تاباںؔ بڑے زندہ دل آدمی تھے اور دوستوں کو کھلا پلا کر خوش ہوتے تھے، شطرنج کی انہیں دھت تھی اور چال بھی اچھی تھی، بڑے بڑے کھلاڑی ان کے ہاں آتے رہتے تھے۔

استاد بیخودؔ دہلوی یہ صاحب جو مٹیا محل سے ٹلکتے ٹلکتے چلے آرہے ہیں، گندمی رنگ، بڑی سی پھریری داڑھی، ہاتھوں میں ہزار دانہ سنبھالے، استاد بیخودؔ ہیں۔ ٹانگیں دیکھئے ذرا ان کی، کمانیں بنی ہوئی ہیں، جوانی میں گھڑسواری کا شوق تھا، منہ زور سے منہ زور گھوڑا ان کی ران تلے چیں بول جاتا تھا۔ ہم نے انہیں اسّی برس کی عمر میں بھی گھوڑے پر سیدھے بیٹھے دیکھا ہے، ان کے والد سو سے اوپر ہو کر مرے تھے، میر صاحب بھی سو کے قریب ہو کر گئے ہیں۔

دلّی والوں کی ٹکسالی زبان بولتے ہیں، روزانہ شام کو ٹہلنے نکلتے ہیں۔ یادگار کا ایک چکر

کاٹ کر اردو بازار میں وصی اشرف کے کتب خانہ پر ٹھیکی لیتے ہوئے واپس جاتے ہیں۔ انہوں نے بڑے بڑے پرانوں کی آنکھیں دیکھی ہیں۔ مرزا غالبؔ کو جب انہوں نے دیکھا تو ان کی عمر پانچ سال کی تھی۔ مرزا کے دیوان کی شرح بھی انہوں نے لکھی ہے، باتیں بڑے مزے کی کرتے ہیں۔ کتب خانہ پر جم جاتے ہیں تو ان کی باتیں سننے کے لیے ہم انہیں چھیڑ دیتے ہیں۔

"کیوں میر صاحب، کیا دشنہ اور خنجر ایک ہی چیز کو کہتے ہیں؟"

میر صاحب "اماں دشنہ دشنہ ہوتا ہے اور خنجر خنجر ہوتا ہے، بھلا دشنہ خنجر کیسے ہو سکتا ہے اور خنجر دشنہ کیسے ہو سکتا ہے؟"

اسی سے ملتا جلتا جواب پالکی نالکی کے لیے بھی ملتا ہے۔ کتب خانہ سے روزانہ ایک ناول پڑھنے کے لیے لے جاتے ہیں اور اگلے دن یہ کہہ کر دے جاتے ہیں کہ "اس میں مزہ نہیں آیا، کوئی اور اچھا سا دو۔" یوں اردو کے اچھے برے سارے ناول چاٹ گئے ہیں۔ کسی کو شاگرد بناتے ہیں تو اس سے باقاعدہ مٹھائی لیتے ہیں، داغؔ کے چہیتے شاگرد ہیں، استاد کے پاس برسوں رہے۔ داغ کے شاگردوں کے چاروں رجسٹر انہی کے پاس رہتے تھے۔

کبوتر اڑانے کا شوق تھا، جن بھوت بھی اتارتے تھے، ایک دن پوچھا، "استاد آپ جن بھوت کیسے اتارتے ہیں؟" فرمایا، "جب حرام زادی کی چوٹی میں تین بل دے کر ناک میں مرچوں کی دھونی دیتا ہوں سر والا فوراً غائب ہو جاتا ہے۔"

خواجہ ناصر نذیر فراقؔ دہلوی دلی کے پرانے خاندانوں میں سے ایک خاندان خواجہ میر دردؔ کا ہے، فراقؔ اسی خاندان کے چشم و چراغ تھے۔ جاڑوں میں روئی کا پاجامہ پہنے ہم نے انہی کو دیکھا۔ گول چہرہ، گول داڑھی، رنگ کھلتا ہوا، دہرا بدن، شعر تو اتنا اچھا نہیں کہتے تھے مگر نثر لاجواب لکھتے تھے۔ شمس العلما، محمد حسین آزادؔ کے شاگرد تھے۔ فراق

صاحب درویش صفت بزرگ تھے۔ عمر بہت زیادہ نہیں تھی مگر ہاتھوں میں رعشہ آ گیا تھا۔ ایک زمانہ میں مسجد فتح پوری کے مدرسہ کے مدرس تھے، میرے والد سے ان کے برادرانہ تعلقات تھے، جب میں نے صحافت کی دنیا میں قدم رکھا تو ان کی خدمت میں بھی حاضر ہوا، خواجہ میر دردؔ کی بارہ دری میں ان کا ایک چھوٹا سا مکان تھا، وہیں قریب ایک بیٹھک میں مطلب کرنے لگے تھے۔ کبھی مخزن میں لکھا کرتے تھے، اس کے بعد ان کے لکھنے پڑھنے کا شوق ختم ہو گیا تھا۔

مخزن میں ان کے مضامین بھی پڑھے اور ان کی جوانی کی تصویر بھی دیکھی۔ اس سے مجھے اشتیاق ہوا کہ ان سے ضرور لکھوانا چاہیے۔ جب میں ان کی خدمت میں حاضر ہوا تو گلے لگا کر رونے لگے اور بولے، "بھتیجے کے لیے نہیں لکھوں گا تو اور کس کے لیے لکھوں گا۔" چنانچہ "لال قلعہ کی ایک جھلک" انہوں نے قسط وار "ساقی" میں لکھی۔ آخری بار جب میں حاضر ہوا تو پلنگ پر لحاف اوڑھے بے حس و حرکت پڑے ہوئے تھے۔ صاحبزادہ ناصر خلق فگار کو پاس بلا کر بولے، "ننھے، ہمارے مرنے کی خبر انہیں ضرور دینا۔" غریب آدمی تھے، مگر محبت و خلوص کی دولت سے مالا مال۔ بہت بھولے آدمی تھے۔ سید احمد مؤلف فرہنگ آصفیہ نے کسی موقع پر انہیں بادشاہ اردو کہہ دیا تھا۔ مرحوم ان کے اس قول کو اکثر دہرایا کرتے تھے۔

میرے بیٹھے پر ایک دفعہ بیخودؔ صاحب ان سے ملنے آ گئے۔ دونوں تقریباً ہم عمر ہی تھے۔ گرمجوشی سے ملے۔ منجملہ اور باتوں کے فراقؔ صاحب نے فرمایا، "دلّی میں اب کیا رہ گیا ہے؟ نظم کے یہ بادشاہ ہیں اور نثر کا میں۔" میں نے کہا، "اس میں کیا شک ہے۔" جب بیخودؔ صاحب چلے گئے تو بولے، "اور یہ بھی کیا رہ گئے ہیں؟ بس میں ہی رہ گیا ہوں۔"

اسی بھولپن میں بعض باتیں بڑی عجیب بھی کہہ جاتے۔ مثلاً یہ کہ لال قلعہ جب بن

رہا تھا تو لوہے کے بڑے بڑے کڑھاؤ چڑھے ہوئے تھے۔ ان میں چربی کھولتی رہتی تھی۔ مٹی کی اینٹ جب بن جاتی تو پہلے اس چربی میں پکائی جاتی۔ جب خوب سرخ ہو جاتی تو اسے نکال کر دیوار میں چن دیا جاتا۔

فرماتے تھے کہ سندر بن میں ہم نے ایک پرندہ ایسا دیکھا جس کا صرف ایک بازو تھا۔ دوسرے بازو کی جگہ ہڈی کا صرف آنکڑا سا تھا۔ نر کا دایاں پر ہوتا تھا اور مادہ کا بایاں۔ جب انہیں اڑنا ہوتا تو نر اور مادہ آنکڑے میں آنکڑا ڈال کر پھر سے اڑ جاتے۔ ان کی ایسی بے پر کی اڑانے میں بھی ایک لطف تھا۔

میر باقر علی دہلوی داستان گو املی کی پہاڑی پر ایک بڑے میاں رہتے تھے۔ دبلا ڈیل، اکہرا بدن، میانہ قد، چھوٹی سفید داڑھی، کبھی خاصے آسودہ حال تھے مگر اب اجلے پوشی سے گزارا کرتے تھے۔ بڑے چرب زبان اور لسّان آدمی تھے، نام تھا میر باقر علی۔ یہ دلی کے آخری داستان گو تھے۔ جب یہ فن زندہ تھا اور اس کے قدردان بھی زندہ تھے تو میر صاحب دور دور بلائے جاتے تھے اور جھولیاں بھر بھر کے لاتے تھے۔ جب زمانہ کے مشاغل بدل گئے اور میر صاحب کا فن کس مپرسی میں پڑ گیا تو میر صاحب چھالیا بیچنے لگے تھے۔ دلّی میں کسی کے ہاں داستان کہنے جاتے تو دو روپے لیا کرتے۔ پھر ایک دور ایسا آیا کہ لوگوں کو دو روپے بھی اکھرنے لگے تو میر صاحب نے اپنے گھر ہی میں داستان کہنی شروع کر دی اور ایک آنہ ٹکٹ لگا دیا، دس بیس شائقین آ جاتے اور میر صاحب کو روپیہ سوا روپیہ مل جاتا۔

امیر حمزہ کی داستان سنایا کرتے تھے۔ بعض دفعہ سامعین کی فرمائش پر کسی ایک پہلو کو بیان کرتے۔ کوئی کہتا میر صاحب آج تو لڑائی کا بیان ہو جائے اور میر صاحب رزم کو اس تفصیل سے پیش کرتے کہ آنکھوں کے سامنے میدان جنگ کا نقشہ قائم ہو جاتا،

ہتھیاروں کے نام گنانے پر آتے تو سو سوا سو نام ایک ہی سانس میں گنا جاتے، اور یہ نام انہیں صرف رٹے ہوئے نہیں تھے، ٹوک کر چاہے جس ہتھیار کو ان سے پوچھ لیجئے۔ اس کی صورت شکل اور اس کا استعمال بتا دیتے تھے۔

کوئی کہتا، "میر صاحب، آج تو عیاریاں بیان ہو جائیں۔" اور میر صاحب عیاریوں کے کارنامے بیان کرنے لگتے، ساتھ ساتھ اداکاری بھی کرتے جاتے، اور سننے والے ہنستے ہنستے لوٹ جاتے۔ میر صاحب کے علم کی کوئی تھاہ نہیں تھی۔ ہر علم میں تیرے ہوئے تھے اور یہ ان کے فن کا تقاضا بھی تھا۔ بڑھاپے میں میر صاحب نے مدرسہ طبیہ میں باقاعدہ طب بھی پڑھی تھی، مگر مطلب کبھی نہیں کیا، ان کی اکلوتی بیٹی البتہ طبیبہ تھیں اور زنانہ مطب بھی کرتی تھیں۔

میر صاحب کو افیون اور حقے کا شوق تھا، داستان شروع کرنے سے پہلے چاندی کی کٹوری میں روئی میں لپیٹ کر افیون گھولتے تھے، اس گھولوئے کی چسکی لگاتے، حقے کا کش لیتے اور داستان شروع کر دیتے۔ چائے کا بھی شوق تھا، اس کی تین صفتیں بتاتے تھے، لب بند، لب ریز اور لب سوز یعنی اتنی میٹھی ہو کہ ہونٹ چپک جائیں، پیالی لباب بھری ہو اور خوب گرم ہو۔

میر صاحب کے شناسا میر محمود علی صاحب نے بتایا کہ کلکتہ میں ایک دفعہ لکھنو کے ایک داستان گو کی دھوم مچی۔ ایک دن ہم بھی سننے گئے تو دیکھا کہ داستان گو صاحب کے آگے طلسم ہوشربا کھلی دھری ہے، اس میں سے پڑھتے جاتے ہیں اور جب بہت جوش میں آتے ہیں تو ایک ہاتھ اونچا کر لیتے ہیں، طبیعت بہت مکدر ہوئی۔ جی چاہا کہ کسی طرح میر باقر علی یہاں آجاتے تو کلکتہ والوں کو معلوم ہوتا کہ داستان گوئی کسے کہتے ہیں۔ نہ سان نہ گمان، اگلے دن کیا دیکھتے ہیں کہ کولوٹولہ میں میر صاحب سامنے سے چلے آرہے ہیں۔

معلوم ہوا کہ اپنے کسی کام سے آئے ہیں۔ قصہ مختصر، میر صاحب کی داستان ہوئی اور لکھنوی داستان گو ہاتھ جوڑ جوڑ کر کہتا تھا، "حضور یہ اعجاز ہے، حضور یہ آپ ہی کا حصہ ہے۔"

میر جالبؔ دہلوی میر باقر علی کے ایک دوست تھے میر جالبؔ دہلوی۔ قد و قامت میں انہی جیسے، صورت شکل اور وضع قطع میں بھی ان سے مشابہ، اتنا بڑا صحافی اردو صحافت نے آج تک پیدا نہیں کیا، کتابیں پڑھنے کا انہیں بچپن سے شوق تھا۔ جو کتاب، رسالہ، اخبار ہاتھ لگ گیا اسے شروع سے آخر تک پڑھ ڈالتے۔ اخباروں کے اشتہارات تک نہیں چھوڑتے تھے۔ بازار میں کوئی چھپا ہوا کاغذ پڑا مل جاتا تو اسے اٹھالیتے اور گھر آکر اسے پڑھتے۔ غریب گھر میں پیدا ہوئے تھے، اسکول کی تعلیم کا خرچ پورا کرنے کے لئے بچوں کو پڑھاتے تھے، اس زمانہ میں سستے ناولوں کے ترجموں کی مانگ تھی۔ میر صاحب نے اس کام کی طرف بھی توجہ کی، مولوی عنایت اللہ اور قاری سرفراز حسین سے مشورہ اور اصلاح لینے لگے، یوں ترجمہ کرنے کی بھی انہیں اچھی مشق ہوگئی۔

اب انہیں اخبار نویسی کی چیٹک لگی۔ دلّی میں اس وقت کوئی قابل ذکر اخبار نہیں تھا، اس لئے میر صاحب لاہور پہنچے اور ایک اخبار میں تیس روپے پر ملازم ہوگئے۔ اس تیس روپے سے ان کی اخباری زندگی شروع ہوئی اور مرتے دم تک وہ اخباری سلسلہ ہی میں ترقی کرتے چلے گئے۔ انتخاب، لاجواب، پیسہ اخبار اور وکیل کی ادارت نے ان کی منفرد حیثیت قائم کر دی۔ جب مولانا محمد علی نے دلی سے ہمدرد جاری کیا تو میر صاحب کو اپنے اخبار میں بلا لیا۔ میر صاحب چھاپہ مشین کے کابلے سے لے کر چھپے ہوئے پرچہ کی تقسیم تک ہر کام سے واقف تھے۔ ایسا کام سنبھالا کہ مولانا محمد علی بالکل نچنت ہوگئے۔ ہمدرد کے بند ہو جانے پر میر صاحب کلکتہ چلے گئے اور جب لکھنؤ سے راجہ محمود آباد نے "ہمدم"

نکالا تو اس کی ادارت کے لیے راجہ صاحب کی نظر انتخاب میر صاحب ہی پر پڑی۔ "ہمدم" کے بعد میر صاحب نے اپنا اخبار "ہمت" جاری کیا جو ان کی زندگی کے ساتھ ختم ہوا۔

میر صاحب چلتے پھرتے انسائیکلوپیڈیا تھے، ہر چیز کے متعلق ان کی معلومات اتنی زیادہ تھیں کہ اگر کوئی ان کی تقریر سن لے تو چھوٹی موٹی کتاب تیار کر لے۔ لوگ ان سے کوئی سوال پوچھ کر گنہگار ہو جاتے تھے، میر صاحب کا لیکچر شروع ہونے کے بعد ختم ہونے میں نہ آتا تھا۔ ایک دفعہ میر صاحب کے جاننے والے غلطی سے ان سے کچھ پوچھ بیٹھے۔ میر صاحب نے وہیں اپنی معلومات کا پٹارہ کھول دیا۔ جب وہ صاحب کھڑے کھڑے تھک گئے تو آہستہ آہستہ اپنے گھر کی طرف چلنے شروع ہوئے۔ میر صاحب بھی ان کے ساتھ ساتھ چلتے رہے اور بولتے رہے۔ ان صاحب کا گھر آگیا تو وہ رک گئے۔ میر صاحب بھی رک گئے مگر اپنی معلومات سے انہیں مستفیض فرماتے رہے۔

وہ گھبرا کر اپنی ڈیوڑھی میں گھس گئے تو میر صاحب بھی ان کے پیچھے پیچھے ڈیوڑھی میں داخل ہو گئے۔ انہوں نے جب میر صاحب کو ذرا غافل پایا تو چپکے سے سٹک گئے۔ میر صاحب در و دیوار ہی سے باتیں کرتے رہے۔ یہاں تک کہ جب انہیں ہوش آیا تو دیکھا کہ کوئی متنفس نہیں ہے۔ حیران ہوئے کہ میں یہاں کیسے اور کیوں آگیا؟ ڈیوڑھی میں سے جلدی سے نکل اپنے گھر کی راہ لی۔ دراصل میر صاحب بھی چنیا بیگم کے عاشق تھے اور اس کی جھونک میں انہیں دین دنیا کی خبر نہیں رہتی تھی۔

میر صاحب بہت باقاعدہ آدمی تھے، ردی سے ردی اخبار کو بھی پڑھتے تھے اور اس کا فائل بنا لیتے تھے۔ جتنے خط ان کے پاس آتے تھے سب کو محفوظ رکھتے تھے۔ ان کے کتب خانہ میں کئی ہزار نایاب کتابیں تھیں۔ افسوس! ان کے انتقال کے بعد ان کا سارا بیش

قیمت سرمایہ یا تو دیمک نے کھایا، یا چولھا جلنے کے کام آیا۔ غالباً پانچ ہزار کتابیں ان کے پوتے جمیل جالبی نے جامعہ ملیہ دہلی کو دے دی تھیں۔ یقین ہے کہ جب ۱۹۴۷ء میں جامعہ کے کتب خانہ کو فسادیوں نے جلایا، تو اس میں یہ بیش قیمت سرمایہ بھی جل گیا ہو گا۔

ملّا واحدی دہلوی کوچہ چیلان میں جہاں میر جالب کا مکان تھا، اس سے ذرا اور آگے بڑھ کر ملّا واحدی کا مکان تھا۔ جالبی صاحب کی طرح واحدی صاحب کا مکان بھی ایک تاریخی حیثیت رکھتا ہے، ادب، مذہب، صحافت اور سیاست کی اکثر شخصیتوں نے اسی مکان میں فروغ پایا۔ خواجہ حسن نظامی، نیاز فتح پوری، دیوان سنگھ مفتون، عارف ہسوی اور بہت سوں نے یہیں سے نام پایا۔ یہاں سے متعدد رسالے جاری ہوئے۔ واحدی صاحب عمر بھر بڑے خاموش اور مخلص کارکن رہے۔ نام و نمود کی انہوں نے کبھی پروا نہیں کی۔ دوستوں کے دوست بلکہ دشمنوں کے بھی دوست رہے۔ دلی میں ان کی بہت جائداد تھی، خدمت کے جنون نے انہیں کھک کر دیا۔ آخر میں بس یہی ایک مکان رہ گیا تھا جس میں ۱۹۴۷ء تک رہے۔

دلّی سے انہیں عشق تھا، کہیں باہر نہیں رہ سکتے تھے۔ شملہ گئے تو ایک گاڑی سے گئے اور دوسری سے لوٹ آئے۔ واحد صاحب بڑے محنتی اور اصولی آدمی ہیں۔ انہوں نے اپنی زندگی میں بہت کام کیا۔ بیسیوں ایڈیٹر اور سیکڑوں ادیب پیدا کئے۔ خواجہ حسن نظامی اپنی ابتدائی زندگی میں واحدی صاحب ہی کے رہین منت رہے، خواجہ صاحب نے بھی آخری وقت تک حق دوستی نبھایا۔ علامہ راشد الخیری سے "شام زندگی" واحدی صاحب ہی نے لکھوائی۔ علامہ آزاد مزاج آدمی تھے۔ دنوں قلم ہاتھ میں نہیں لیتے تھے، لوگ خوشامدیں کرتے، معاوضے پیشگی دے جاتے مگر وہ توجہ نہ کرتے۔ واحدی صاحب نے نہ جانے کیا منتر پڑھا کہ علامہ کو سولہ آنے اپنے قبضہ میں کر لیا، روزانہ انہیں ایک کمرہ میں

بند کر کے باہر سے قفل ڈال دیتے، اور جب مقررہ صفحوں کی تعداد پوری ہو جاتی تو انہیں کھول دیتے۔ یوں یہ پوری کتاب لکھوائی گئی۔

خواجہ حسن نظامی دلّی سے تین میل کے فاصلہ پر بستی نظام الدین میں رہتے تھے مگر روزانہ واحدی صاحب کے ہاں آتے اور ان ہی کے ہاں بیٹھ کر تصنیف و تالیف کا کام کرتے۔ خواجہ صاحب اور واحدی صاحب کے ایک اور مخلص دیرینہ بھیا احسان تھے، جو تھے تو میرٹھ کے رئیسوں میں سے مگر رہتے دلّی میں تھے۔ واحدی صاحب کی طرح یہ بھی وضع دار اور دل والے تھے۔ ادب کا چسکا اور اخبار کا روگ انہیں بھی ساری عمر لگا رہا۔

۴۷ء کے فسادات میں واحدی صاحب کو بھی دلی چھوڑنی پڑی، یہ گویا ناخن کا گوشت سے جدا ہونا تھا۔ کراچی کے ایک سرکاری کوارٹر میں اپنے بیٹے کے ساتھ انہیں رہنا پڑا۔ دنوں ان کی آنکھ کا آنسو نہ تھما۔ اس غم کو بھلانے کے لئے واحدی صاحب نے کتابیں لکھنی شروع کیں اور رفتہ رفتہ انہیں صبر آگیا، خواجہ صاحب، بھیا احسان اور دوسرے سب ساتھی رخصت ہوگئے، یہ سب کے ماتم میں سروچراغاں ہیں۔

علّامہ راشد الخیری دہلوی یہ جو ایک بڑی نورانی شکل کے بڑے میاں شپڑ شپڑ کرتے چلے آرہے ہیں، علامہ راشد الخیری ہیں۔ انہوں نے اپنی ساری عمر اسی قلندرانہ وضع میں گزار دی، کبھی اپنا حلیہ درست کرنے کا انہیں خیال نہیں آیا، سادگی ان کا خاصۂ طبعی ہے، بڑے آدمی ہیں مگر چھوٹے آدمیوں کی خدمت کر کے انہیں خوشی حاصل ہوتی ہے۔ پاس پڑوس، رشتہ کنبہ، دوست احباب میں گھوم پھر کر سب کی خیریت معلوم کرتے ہیں، کسی کی تکلیف ان سے دیکھی نہیں جاتی، دامے، درمے، قدمے، سخنے ہر طرح مدد کرنے کو تیار رہتے ہیں۔ رانڈ بیواؤں کا ان کے گھر میں تانتا بندھا رہتا ہے۔ ان کی بیگم بھی انہیں کے مزاج کی آدمی ہیں، کسی کو کچھ دیتے ہیں تو سیدھے ہاتھ کی خبر الٹے ہاتھ کو نہیں ہوتی۔

رات کا وقت پڑوس میں سے کسی عورت کے رونے کی آواز آئی۔ مولانا بے قرار ہو کر اٹھے۔ جا کر پوچھا تو معلوم ہوا شام تک پھلر واسالال کھیلتا ملتا رہا۔ گلے میں کچھ یونہی سی تکلیف تھی، اب لحظہ لحظہ اس کی حالت بگڑتی جا رہی ہے۔ دیکھتے ہی دیکھتے بچہ ہاتھوں میں آ گیا۔ مولانا نے دلاسا دیا، فوراً تانگہ کر کے نئی دلّی پہنچے اور اپنے ساتھ ڈاکٹر چاؤلہ کو لے کر آئے، ڈاکٹر نے انجکشن دیا، مولانا نے اسے فیس دی اور ابھی ڈاکٹر ڈیوڑھی تک ہی پہنچا تھا کہ ماں کی دلدوز چیخ نے بچے کی موت کا اعلان کر دیا، گھر والے اتنے نادار تھے کہ کفن دفن کا انتظام بھی مولانا ہی کو کرنا پڑا۔

مولانا نہایت دردمند انسان تھے اس لئے ان کی طبیعت غم پسند ہو گئی تھی۔ زندگی کے غمناک پہلوؤں ہی کو انہوں نے اپنے افسانوں اور ناولوں کا موضوع بنایا۔ سب سے زیادہ مظلوم مخلوق انہیں مسلمان عورت دکھائی دیتی تھی۔ اسی کی حمایت میں وہ عمر بھر لکھتے رہے۔ اپنی موثر غم انگیز تحریر کے باعث وہ مصور غم کہلائے۔

جو لوگ حزن پسند ہوتے ہیں، عموماً جھلّے مزاج کے بھی ہوتے ہیں مگر مولانا اپنی نجی زندگی میں بڑے خوش مزاج اور بذلہ سنج تھے، خوب ہنستے ہنساتے تھے۔ بڑے آدمیوں سے ملنے میں انہیں پس و پیش ہوتا تھا مگر برابر والوں اور چھوٹوں سے جی کھول کر باتیں کرتے تھے، دوسروں کی باتوں سے بھی لطف اٹھاتے تھے، خصوصاً جب کسی سے کوئی غلطی ہو جائے۔ ایک بزرگ نے فرمایا، میں ان سے خوب بھینچ بھینچ کر گلے ملا (بھینچ بر وزن کھینچ) مولانا پھڑک گئے، پوچھا کیسے ملے؟ وہ بولے بھینچ بھینچ کر، بار بار ان سے پوچھتے تھے اور ہنستے تھے۔ پھر بولے، "اچھا کاغذ قلم لاؤ اور ایک شعر لکھ لو، ابھی موزوں ہوا ہے،

جو پودوں کو پانی دیا سینچ سینچ
لگے ملنے گل بھی گلے بھینچ بھینچ

مولانا کی خوش مزاجی بستر مرگ پر بھی قائم رہی۔ جو کوئی بیمار پرسی کو آتا، اس سے ہنسی کی باتیں کرتے۔ ان کے بھانجے محمد میاں نے پوچھا، "کیوں ماموں جان، جارج پنجم کے بعد تو اس کا بیٹا ہی بادشاہ بنے گا؟" مولانا نے فرمایا، "نہیں آپ کے حق میں وصیت کیئے جا رہے ہیں۔"

پنڈت امرناتھ ساحرؔ دہلوی دلی کے آخری دور کے لائق فخر لوگوں میں سے پنڈت جی بھی تھے۔ عمر ستر اور اسّی کے درمیان، اونچا پورا قد، بہت لمبی چوڑی داڑھی، ریٹائرڈ تحصیلدار تھے۔ میر ناصر علی کی طرح ان کی پنشن پانے کی مدت بھی ملازمت کی مدت سے تجاوز کر گئی تھی۔ اردو شاعری کے عاشق اور استاد تھے، فارسی میں بھی شعر کہتے تھے، مگر اتنے گہرے اور ادق عرفانی مضامین باندھتے کہ سامعین کے پلے کچھ نہ پڑتا۔

پنڈت جی دلی کے پرانے وضع دار ہندوؤں کا آخری نمونہ تھے، ان کی عبا قبا، جبہ و دستار دیکھ کر یہ بتانا مشکل ہوتا کہ یہ ہندو ہیں یا مسلمان۔ ہم نے اپنے بڑوں سے سنا ہے کہ دلی کے ہندو مسلمانوں کے لباس اور بول چال میں پہلے کوئی نمایاں فرق نہیں ہوتا تھا۔ پنڈت جی کی زبان بھی چغلی نہیں کھاتی تھی۔ یہی کیفیت ہم نے پنڈت دتاتریہ کیفیؔ اور پنڈت تربھون ناتھ زارؔ کی بھی دیکھی۔

پنڈت جی بہت خلیق اور متواضع آدمی تھے۔ ایک دفعہ چند لڑکے رات کے گیارہ بجے ان کے گھر پہنچ گئے، چوڑی والان سے جو راستہ بازار سیتارام کو جاتا ہے اس کے سرے پر ان کا بالا خانہ تھا، کنڈی کھڑکی تو پنڈت جی ہاتھ میں لالٹین لیے زینے پر سے اترے۔ پوچھا، "کیسے زحمت فرمائی؟" لڑکوں نے کہا، "ہمیں آپ کا کلام سننے کا اشتیاق ہے، صبح کی گاڑی سے ہمیں واپس جانا ہے۔" پنڈت جی نے فرمایا، "کیا مضائقہ ہے۔" اور خندہ پیشانی سے سب کو اپنے ساتھ اوپر لے آئے۔ کمرہ کھول کر آرام سے بٹھایا، جل پان پیش کیا اور

اپنا کلام انہیں سنا کر رخصت کرنے نیچے تک آئے۔

اسکول اور کالج کے لڑکے جب چاہتے پنڈت جی کو مشاعرے کی صدارت کے لئے لے جاتے، بعض بد تہذیب لڑکے پنڈت جی سے بد تمیزی کر جاتے تو پنڈت جی ناراض ہو جاتے۔ مگر پھر فوراً من بھی جاتے، ایک مقامی کالج کے مشاعرے میں ایک صاحب زادہ نے پنڈت جی کو مخاطب کر کے مطلع پڑھا،

یہ کہنا جا کے بیٹا اپنی ماں سے

کہ تم روٹھی ہو کیوں ابّا میاں سے

پنڈت جی کی آنکھیں ابل پڑیں۔ بولے، "کیا مضائقہ ہے، صاحب زادے تمہارے باپ سے شکایت کروں گا۔" دوسرے لڑکوں نے کہا، "پنڈت جی اس گستاخ کو معاف کر دیجئے، ہاتھ جوڑ رہا ہے۔" پنڈت جی مسکرا دیے اور بولے، "ادھر لاؤ اسے، میں اس کے کان کھینچوں گا۔" پھر محبت سے کان کھینچ کر بولے، "کیا مضائقہ ہے، با ادب بانصیب بے ادب بے نصیب، جاؤ۔"

پنڈت جی خود بھی سالانہ مشاعرہ بڑے پیمانے پر کرتے تھے۔ مہمانوں کے قیام و طعام کا انتظام کرتے، دور دور سے شعراء ان کے مشاعرے میں شریک ہونے آتے۔ دہلی میں اس مشاعرے کی دھوم مچ جاتی۔ پنڈت جی کے بعد اس شان کے مشاعرے دلی میں دیکھنے میں نہیں آئے۔

مولانا خلیقی دہلوی اب سے چالیس سال پہلے "ادب لطیف" کی تحریک طاعون کی طرح پھیلی، اس کی محرک بڑی حد تک ٹیگور کی "گیتا نجلی" تھی۔ اس دور کے ادیبوں کو ایک نئی چیز ہاتھ آئی کہ ایسے بھی چھوٹے چھوٹے خیالی مضامین لکھے جاتے ہیں، جن میں خوبصورت فقرے اور اچھوتی ترکیبیں ہوں، چاہے مطلب کچھ بھی نہ نکلتا ہو۔ نیاز فتح

پوری نے "گیتانجلی" کا ترجمہ "عرض نغمہ" کے نام سے کر دیا اور انگریزی سے ناواقف ادیبوں نے اسی انداز پر طبع آزمائی شروع کر دی۔ بعض اچھے ادیب بھی اسی ستے رنگ میں رنگے گئے۔ یلدرم، نیاز، دلگیر، مہدی افادی، ل احمد اور خلیقی دہلوی نے خوب خوب قلم کی جولانیاں دکھائیں، اس جتھے کے پہلے سرغنہ شاہ دلگیر اکبر آبادی تھے۔ نقاد کے ایڈیٹر، جن کے بعد دوسرے لیڈر نیاز فتح پوری، نگار کے ایڈیٹر۔

اس ٹولی میں بیان کے ساتھ ساتھ خیال کے بانکپن کا جس نے سب سے زیادہ لحاظ رکھا، وہ ایک صاحب تھے محمد دین خلیقی دہلوی تھے۔ تو تجارت پیشہ آدمی مگر ادب کا بڑا ستھرا انداق رکھتے تھے، کوئی اچھوتی ترکیب سمجھ میں آجاتی تو گھنٹوں اس کا لطف لیتے، لکھتے بہت کم تھے اور مختصر لکھتے تھے، مگر جو کچھ لکھتے یہ معلوم ہوتا کہ نگینے جڑ دیے ہیں، جس طرح شاعر اپنی غزل یا نظم سناتا ہے، یہ اپنی نثر سناتے تھے۔ ان کے اکثر فقرے کانوں میں گونج رہے ہیں، کچھ اس طرح کے ہوتے ہیں۔

"ایک دن بستی والوں نے دیکھا کہ چشمے کا پانی شراب بن گیا ہے۔ شراب اس لئے بن گیا ہے کہ صبح کے وقت قد آدم انسانی آئینے اس میں معتدل کئے جاتے تھے۔" (یعنی عورتیں اس میں نہایا کرتی تھیں۔)

خلیقی صاحب اپنے نثر پاروں کی داد پاتے تو از راہ انکسار فرماتے، "ننگ قلم ہوں۔" باتیں کرنے میں بھی اکثر مغلق الفاظ بولتے تھے۔ یہ عادت غالباً انہیں مولانا عبد السلام صاحب کی صحبت میں پڑی تھی جن کی عالمانہ خوش گفتاری دور دور مشہور تھی۔ خلیقی صاحب نے زیادہ عمر نہیں پائی۔ انہیں دل کا عارضہ ہو گیا تھا اور یہ بھی انہیں معلوم ہو گیا تھا کہ مرض لاعلاج ہے۔ خاصے بھاری بھر کم آدمی تھے، بیماری میں گھلے چلے گئے۔ فرماتے تھے کہ "مجھے اس کی خوشی ہے کہ دل کی بیماری سے مر رہا ہوں۔"

قاری سرفراز حسین دہلوی میرے والد کے پاس جو حضرات اکثر آتے تھے اور جن کے گھر وہ اکثر جایا کرتے تھے، ان میں ایک ادھیڑ عمر کے آدمی بڑے کلے ٹھلے کے تھے۔ دہرا ڈیل، کسرتی بدن، سر پر کرسٹی کی ترکی ٹوپی، کالا فراک کوٹ، سفید پتلون، پاؤں میں ڈاسن کا کالا شو، دائیں ہاتھ میں چھڑی، بائیں ہاتھ میں سفید دستانے، گول چہرہ، گیہواں رنگ، کشادہ پیشانی، ستواں ناک، کترواں مونچھیں، مختصر سی خوشنما داڑھی، آنکھوں پر سنہری فریم کا چشمہ، ان سے ہمارے گھر میں پردہ نہیں کیا جاتا تھا، ابّا انہیں دیکھتے ہی کھل جاتے اور اپنی ساری سنجیدگی وبردباری بالائے طاق رکھ دیتے۔

یہ تھے قاری سرفراز حسین عزمیؔ دہلوی، جو اپنی باتوں سے ظرافت کے پھول کھلاتے رہتے۔ زندہ دل، بڑے خوش کلام، ان کی شخصیت بڑی پہلو دار تھی۔ رنڈیوں کی زندگی پر انہوں نے آٹھ دس ناول لکھے جن میں سب سے مشہور "شاہد رعنا" ہے۔ یہ وہی کتاب ہے جسے دیکھ کر مرزا ہادی رسواؔ نے "امراؤ جان ادا" لکھی۔ ناولوں کے علاوہ قاری صاحب نے علم الکلام پر بھی ایک کتاب لکھی تھی۔ تبلیغ کے سلسلے میں انگلستان اور جاپان بھی گئے تھے۔

قاری صاحب اس قدر خوش گفتار تھے کہ لوگ ان کی باتیں سننے کے لئے ترستے تھے۔ مذہب، ادب، سیاست، تاریخ، فنون، کسی گھر بند نہیں تھے۔ ایک دفعہ مسوری میں ایک رئیس نے چاہا کہ قاری صاحب ان کی خدمت میں حاضر ہو کر اپنی باتوں سے ان کا جی بہلائیں۔ قاری صاحب نے ٹالنے کے لئے کہہ دیا کہ میں سو روپے فی گھنٹہ لوں گا۔ وہ بھی بگڑے دل رئیس تھے۔ دو سو روپے روزانہ قاری صاحب کو دیتے رہے اور قاری صاحب وہ روپیہ انجمن اسلامیہ کو بھیجتے رہے۔

۱۹۱۱ء میں شیخ عبدالقادر کی سرپرستی میں علامہ راشد الخیری نے رسالہ "تمدن"

جاری کیا، اس کے پہلے پرچے میں قاری صاحب کا بھی ایک مضمون شائع ہوا۔ عنوان تھا، "انسان، فرشتے کی عینک سے۔" یہ مضمون ڈپٹی نذیر احمد کے نزدیک بہت قابل اعتراض تھا، اس لئے کہ اس میں مذہبی روایات کا مذاق اڑایا گیا تھا۔ ڈپٹی صاحب علامہ راشد الخیری کے پھوپھا تھے۔ فوراً ان کی طلبی ہوئی، ڈپٹی صاحب نے بڑی لعن طعن کی، ان کے بعد قاری صاحب پیش ہوئے۔ ڈپٹی صاحب ان پر بھی خوب برسے، دونوں نے توبہ تلا کی اور معاملہ رفع دفع ہوا، اس کے بعد قاری صاحب نے اپنے کسی مضمون میں مذہب کا مذاق نہیں اڑایا بلکہ خود مذہب کی طرف ڈھل گئے اور مبلغ بن کر سمندر پار ملکوں میں گئے۔ خوش گفتار تو تھے ہی، تقریر اردو میں بھی اچھی کرتے تھے اور انگریزی میں بھی۔

آخری عمر میں گوشہ گیر ہو گئے تھے اور کتابیں لکھا کرتے تھے۔ جب ہاتھ میں رعشہ آگیا تو ایک منشی رکھ لیا تھا۔ قاری صاحب بولتے جاتے اور منشی لکھتا رہتا، مگر قاری صاحب اس سے مطمئن نہیں ہوتے تھے اور کبیدہ خاطر رہتے تھے کہ خود لکھنے کی کچھ اور ہی بات ہوتی ہے۔ ۱۹۳۰ء میں جب میں نے "ساقی" جاری کیا تو قاری صاحب نے ایک ناول "ثروت دلہن" اپنے منشی سے لکھوایا۔ یہ ناول قسط وار "ساقی" میں شائع ہوا۔

خواجہ حسن نظامی دہلوی دلی سے تین میل دور بستی نظام الدین میں خواجہ حسن نظامی صاحب رہتے تھے۔ خواجہ صاحب دین اور دنیا دونوں میں کامیاب رہے۔ وہ اپنی شہرت اور کامیابی کے لیے ہر ذریعہ اختیار کرتے تھے۔ سب سے پہلے تو ان کی نرالی دھج تھی کہ ہزاروں کے مجمع میں نظر ان ہی پر پڑتی تھی۔ سر پر زرد کلاہ نما ٹوپی، شانوں پر زلفیں لہراتیں،، کشادہ پیشانی، سنہری فریم کی عینک، ہونٹوں پر لاکھا جما ہوا، کترواں لبیں، چھریری داڑھی، ٹخنوں تک خاکی جبہ، آنکھوں میں مقناطیسی کشش۔

تحریر و تقریر دونوں کے بادشاہ تھے۔ سلطان جی کی درگاہ کے مجاوروں میں سے

تھے، چھٹپن ہی میں باپ کے سائے سے محروم ہو گئے۔ پھیری پر کتابیں بیچتے اور اپنا اور اپنی ماں کا پیٹ پالتے مگر جوہر فطری نے انہیں اس پستی پر قانع نہ ہونے دیا اور ایک وقت ایسا آیا کہ خواجہ صاحب آفتاب بن کر چمکے، کئی لاکھ مریدوں کے پیر بنے، پان سو کتابوں کے مصنف اور مؤلف، بیسوں اخبار، رسالوں کے ایڈیٹر، اللہ نے مال دولت سے بھی سرفراز فرمایا، مگر اتنے بلند مراتب حاصل ہونے کے بعد بھی ان کی وضع داری میں فرق نہ آیا، غرور و تکبر ان کے پاس تک نہ پھٹکا۔ جن سے جیسے تعلقات ابتدا میں تھے ویسے ہی آخر تک رہے۔ صرف ایک پرانے رفیق سردار دیوان سنگھ مفتون ایڈیٹر ریاست سے آخر میں بگاڑ ہو گیا تھا۔ خواجہ صاحب نے سردار جی سے بارہا صلح صفائی کرنی چاہی مگر وہ بھی بڑے ہٹیلے آدمی ہیں۔ اپنی ضد پر اڑے رہے اور خواجہ صاحب کے خلاف لکھتے رہے مگر خواجہ صاحب نے ان کی کڑوی کسیلی باتوں کا کوئی جواب نہیں دیا۔

خواجہ صاحب نے تبلیغی کام بھی بہت کیا۔ جب شدھی اور سنگٹھن نے زور باندھا تو خواجہ صاحب خم ٹھونک کر میدان میں آ گئے۔ سوامی شردھانند سے مباہلہ کرنے کے لئے انہوں نے یہ تجویز پیش کی کہ جامع مسجد کے مینار پر سے دونوں کود پڑیں، جو راہ حق پر ہوگا وہ بچ رہے گا، مگر سوامی جی نے اس چیلنج کو منظور نہیں کیا۔

ایک دفعہ ایک معاملہ میں مولانا محمد علی سے خواجہ صاحب کی ٹھن گئی۔ دونوں طرف سے دھواں دھار مضامین لکھے گئے۔ خواجہ صاحب عجیب عجیب سرخیوں کے پوسٹر بھی لکھ کر شہر میں لگواتے تھے۔ مولانا نے خواجہ صاحب ہی کو قد آدم پوسٹر کہنا شروع کر دیا تھا۔ چند بھلے آدمیوں نے بیچ میں پڑ کر ناگوار قضیہ کو ختم کرایا۔

خواجہ صاحب کی غیر معمولی کامیابی نے ان کے بہت سے حاسد پیدا کر دیے تھے، ان میں سے بعض ان کی جان کے لاگو بھی ہو گئے تھے۔ ایک دن ایک آریہ سماجی انہیں

قتل کرنے کے ارادے سے ان کے کمرے میں گھس آیا۔ خواجہ صاحب بالکل اکیلے تھے مگر ذرا نہ گھبرائے۔ آنکھوں میں آنکھیں ڈال کر ڈپٹا، "کیوں آیا ہے؟ واپس چلا جا۔" وہ ایسا مرعوب ہوا کہ فوراً واپس چلا گیا۔ ایک دفعہ شہر سے اپنی بستی میں رات کو کچھ دیر سے پہنچے، جب ان کی کار گیرج کے قریب پہنچی تو کسی نے تین چار فائر کئے اور بھاگ گیا۔ خواجہ صاحب تو بچ گئے مگر ان کے خسر کے گولی لگی اور انہوں نے وہیں دم دے دیا۔

خواجہ صاحب انگریزی بالکل نہیں جانتے تھے مگر وائسرائے تک سے مل لینے میں انہیں باک نہیں ہوتا تھا۔ حکام سے سفارش کر کے انہوں نے ہزاروں کے کام نکالے، مگر خود کبھی حکام رسی سے فائدہ نہیں اٹھایا۔ بڑی پہلودار شخصیت تھی خواجہ صاحب کی۔ صوفیٔ صاف باطن تھے، پیر تھے، مسلمانوں کے لیڈر تھے، صاحب طرز انشا پرداز تھے، بہت بڑے صحافی تھے اور بہت بڑے انسان تھے۔

خواجہ حسن نظامی دلّی کی تہذیب کے موتام تھے،
ان کے مرنے سے مر گئی دلّی

مولانا عبدالسلام دہلوی دلی کے ایک قلندر مزاج بزرگ تھے۔ چار ابرو کا صفایا، گول چہرہ، کھلتا ہوا رنگ، سر پر دو پلی، ململ کا کرتا اور چست پاجامہ، پاؤں میں نری کی جوتی، ان کے علم و فضل کی دھاک بڑے بڑوں کے دلوں پر بیٹھی ہوئی ہے۔ جس علم سے کہو، وجود باری تعالیٰ ثابت کر دیتے تھے۔ عربی فارسی کی تمام پرانی کتابیں انہیں ازبر تھیں۔ جورونہ جاتا، اللہ میاں سے ناتا۔ چھڑا دم، کتابیں تھیں اور طالب علم، شاگردی میں مشکل ہی سے کسی کو قبول کرتے تھے، کچھ لیتے لواتے تو تھے ہی نہیں اس لئے ان پر کسی کا بس نہیں چلتا تھا۔ کسی کو شاگرد بناتے تو پہلے اس کا امتحان لیتے اور وہ بھی اتنا سخت کہ شاگرد توبہ کرتا ہوا وہاں سے بھاگ جائے۔

گرمیوں کی چلچلاتی دھوپ دیکھئے اور شاگرد سے جناب کا ارشاد کہ "جابے دھوپ میں کھڑا ہو جا۔" اب وہ غریب صحن میں کھڑا سنک رہا ہے اور جناب اندر پڑے پنکھا جھل رہے ہیں۔ کسی کو ذرا سی خطا پر درسے باندھ کر مارتے اور اف تک کرنے کی اجازت نہ دیتے۔ نیا شاگرد پہلے ہی دن بھاگ کھڑا ہوتا، مگر جو ان کی آزمائش کی آگ میں تپ جاتا ہے وہ پھر کندن بھی بن جاتا ہے۔

وہ دیکھئے سامنے سے مولانا جھومتے آرہے ہیں۔ قومی الجثہ آدمی ہیں۔ کوئی انہیں نہ جانتا ہو تو پہلوان سمجھے، سر اور چہرے پر مشین پھری ہوئی ہے، یہ معلوم ہوتا ہے کہ ابھی بھدرا کرا کے چلے آرہے ہیں۔ پان کھاتے ہیں، اونچی آواز میں بولتے ہیں، تیل بیچتے ہیں اور روکھی سوکھی کھاتے ہیں۔ صوفی منش ہیں، قوالی شوق سے سنتے ہیں، رنڈیوں کا گانا بھی سن لیتے ہیں۔ صوفیوں کے حلقے میں بیٹھتے ہیں تو ان کے لتے لے ڈالتے ہیں، ان کے علم و فضل کا دریا سب کو تنکوں کی طرح بہالے جاتا ہے، عرسوں میں شریک ہوتے ہیں، ایک عرس میں جہاں بڑا بڑا اجغادری صوفی بیٹھا تھا، مولانا بھی تشریف فرما تھے کہ ایک حسین طوائف لانگتی پھلانگتی آگئی اور اس کے پیچھے پیچھے اس کی نائکہ بھی۔ ایک دل پھینک صوفی نے جل جلالہ کہہ کر طوائف کو اپنے پاس بٹھالیا، مولانا نے نائکہ کی طرف اشارہ کرکے فرمایا، "یہ عمان والہ بھی ساتھ ہیں، انہیں بھی سنبھالئے۔"

مولانا نے بلا کا حافظہ پایا تھا۔ دلّی کی ایک مشہور طوائف کا مجرا ہو رہا تھا، مولانا نے اسے ٹوک کر کہا، "کیا پانچ پانچ سات سات شعر کی غزلیں سنا رہی ہو؟ تمہیں جو لمبی سے لمبی چیز یاد ہو سناؤ۔" طوائف بھی پرانی تعلیم کی عورت تھی۔ سوڈیڑھ سو بند کا ایک خمسہ اس نے شروع کر دیا اور دو گھنٹے کی خبر لائی۔ مولانا ساتھ ساتھ اشعار پڑھتے جاتے تھے اور جب اس نے خمسہ ختم کر دیا تو مولانا نے شروع سے آخر تک لفظ بلفظ وہی خمسہ دہرا دیا۔

مولانا اپنے آگے کسی کو نہیں گانٹھتے تھے۔ جوش ملیح آبادی مولانا کی تعریف سن کر ملنے گئے، مولانا اچھی طرح ملے مگر جب وجود باری تعالیٰ پر جوش صاحب نے اپنے خیالات کا اظہار فرمایا تو مولانا چمک گئے اور بولے، "تمہارا دماغ شیطان کی کھڈّی ہے۔" اس کے بعد سیکڑوں شعر اقبالؔ کے سنا ڈالے اور کہا، "بس شاعر تو اقبالؔ ہے۔"

مولانا حیدر آباد دکن بھی گئے تھے۔ کسی نے مشورہ دیا کہ آپ حضور نظام کی خدمت میں پیش ہو جائیں تو کچھ وظیفہ مقرر ہو جائے گا۔ مولانا نے بگڑ کر کہا، "اگر تمہارے نظام کی ساری دولت ایک پلڑے میں رکھی جائے اور میرا ایک بوسیدہ سے بوسیدہ بال دوسرے پلڑے میں تو انشاء اللہ میرا بال ہی بھاری اترے گا۔"

مولانا کو جب جلال آتا تو ان کی تقریر سننے کے قابل ہوتی، نہایت مرصع اور مغلق فقرے بولتے تھے۔ ایک طوائف کے متعلق ارشاد ہوا کہ "اس مثلث لحمی کے لئے تو عمودِ زریں ہی چاہیے۔"

مولانا کو لکھنے کا شوق نہیں تھا، ایک آدھ مضمون لکھا بھی تو وہ خاصہ پھسپھسا تھا مگر بولنے میں کوئی ان کے آگے دم نہ مار سکتا تھا۔ مولانا دلی ہی میں رہے اور ہمیشہ اکیلے رہے۔ ۱۹۴۷ء کے ہنگامے میں ایک سکھ کرپان لیے مولانا کے گھر میں گھس آیا۔ مولانا نے ایک ڈانٹ پلائی، اس پر کچھ ایسی دہشت طاری ہوئی کہ کرپان اس کے ہاتھ سے گر پڑی اور وہ سر پر پاؤں رکھ کر بھاگ گیا۔

آغا شاعر قزلباش دہلوی پنڈت امر ناتھ ساحرؔ کے ایک سالانہ مشاعرے میں جس کی صدارت میر ناصر علی کر رہے تھے، ایک بڑے میاں ڈھیلا سا صافہ لپیٹے اپنا کلام سنانے صدر مقام پر ہائے ہائے کرتے آئے۔ گورا رنگ، بڑی بڑی آنکھیں، سفید مونچھیں، داڑھی منڈی ہوئی، ہاتھ پاؤں بے قابو، دو زانو بیٹھنے کے بعد جب سانس ٹھیک ہو گیا تو

جناب صدر کی طرف دیکھ کر انہوں نے کہا، "چیں!" معلوم ہوا کہ اجازت چاہی ہے، پھر رونی آواز میں سامعین سے کہا، "استاد کی رباعی تبرکاً پڑھتا ہوں۔"

رباعی جو پڑھی تو آواز ایسی نکلی جیسے بادل گرج رہا ہو، یاالٰہی یہ ماجرا کیا ہے؟ یا بہ ایں بے نمکی یا بہ ایں شوراشوری؟ معلوم ہوا کہ یہ صاحب جب سناتے ہیں تو اپنی تکلیفیں بھول جاتے ہیں، نام آغا قزلباش ہے۔ داغؔ کے چہیتے شاگرد ہیں۔ تحت اللفظ اپنے استاد ہی کی طرح پڑھتے ہیں۔ داغؔ کو پڑھتے نہ سنا ہو تو انہیں سن لو۔ استاد کی رباعی ختم ہوئی تو تحسین و آفرین کے شور سے لالہ پارس داس کی حویلی گونج گئی۔ آغا صاحب نے اپنا کلام سنانا شروع کیا تو ہر ہر شعر پر قیامت برپا ہوتی رہی۔ جب غزل ختم کی تو پھر بے دم ہو گئے اور نقاہت کی وجہ سے خود ڈائس سے نہ اتر سکے۔ ساحرؔ صاحب نے سہارا دے کر اتارا اور اپنے پاس بٹھالیا۔ آغا بہت بیمار تھے، تھوڑی دیر بعد چلے گئے۔

ان کی جوانی مشہور تھی، بڑے دیدور جوان تھے۔ ہاتھوں ہاتھ لئے جاتے تھے اور سر آنکھوں پر بٹھائے جاتے تھے۔ اب یہ صورت تھی کہ بیماری اور ناداری نے انہیں ایک ڈراؤنی چیز بنا دیا تھا۔ ان کے جاننے والے اب انہیں دیکھ کر آنکھیں چراتے اور دور ہی سے کترا کر نکل جاتے۔ برے وقت کا ساتھی کوئی نہیں۔ بچے چھوٹے چھوٹے تھے۔ کوئی سہارا لگانے والا نہیں تھا۔ جن ریاستوں میں جوانی گزاری ان ریاستوں کے رئیس مر کھپ گئے۔ ایسے بوڑھے بیل کو کون بھس دے؟ ناچار اپنے پرانے دوستوں اور قدردانوں کے گھروں پر جاتے مگر وہ بھی کب تک ساتھ دیتے؟ اُپرانے لگے اور اندر ہی سے کہلوانے لگے کہ "نہیں ہیں۔"

آغا صاحب شاعر تو بڑے تھے ہی، انہوں نے ناول بھی لکھے اور ڈرامے بھی، پورے قرآن شریف کا ٹکسالی اردو میں منظوم ترجمہ بھی انہوں نے کیا تھا۔ کاش وہ ترجمہ

چھپ جائے۔

آغا کا آخری وقت ایسا خراب ہوا کہ اللہ دشمن کا بھی نہ کرے، کسی دوست کو دیکھا تو آبدیدہ ہو گئے۔ جامع مسجد کو دیکھا تو آنکھوں میں آنسو آ گئے۔ لال قلعہ کو دیکھا تو رونے لگے۔ غرض یونہی روتے دھوتے دنیا سے سدھارے۔

مرزا حیرتؔ دہلوی دریبہ میں پائے والوں کی طرف سے داخل ہو کر چند قدم چلنے کے بعد ایک تین در کی دکان بائیں ہاتھ کو آتی ہے۔ اس کے تھڑے کی طرف گاؤ تکئے سے لگے ایک بزرگ بیٹھے رہتے تھے، گورا رنگ، سفید براق سر سیدی داڑھی، غلافی آنکھیں، گالوں کی ہڈیاں ابھری ہوئیں، لبوں پر پان کی سرخی، یہ مرزا حیرتؔ دہلوی تھے، بہت بڑے عالم تھے، مگر دماغ تخریب کی طرف مائل تھا۔ ہنگاموں ہی کو وجہ رونق سمجھتے تھے۔

دلّی میں چھاپے کی مشین سب سے پہلے انہوں نے ہی لگائی تھی اور "کرزن گزٹ" جاری کیا تھا۔ اس اخبار میں جس کی چاہتے خبر لیتے، جس کی چاہتے ٹوپی اتار لیتے۔ شورش پسند آدمی تھے، نت نئے ہنگام برپا کرتے رہتے تھے، واقعہ کربلا ہی سے انکار کر دیا تھا اور حساب لگا کر یہ بتایا تھا کہ جس زمانہ میں اس کا واقع ہونا بتایا جاتا ہے، گرمی کا موسم ہی نہ تھا بلکہ سخت سردی کا زمانہ تھا۔ مولانا حالیؔ نے مسدس مد و جزر اسلام لکھی تو دونوں اس کی تردید و تضحیک میں مضامین لکھتے رہے۔ حالیؔ فرماتے ہیں،

عرب کچھ نہ تھا اک جزیرہ نما تھا

مرزا حیرتؔ نے اس پر فرمایا،

ذرا دیکھئے تو یہ کیا کہہ رہے ہیں\
عرب کو جزیرہ نما کہہ رہے ہیں

ڈپٹی نذیر احمد کا ترجمۂ قرآن شائع ہوا تو اس کے فوراً بعد مرزا حیرتؔ کا ترجمۂ قرآن

شائع ہو گیا اور اس کا سائز بھی رکھا تو گز بھر کا۔ شبلی نعمانی کے ساتھ حیدر آباد دکن گئے، سر سالار جنگ کی خدمت میں دونوں پہنچے، شبلی نے مرزا کی تعریف کر کے تعارف کرایا، سالار جنگ نے مرزا سے کلام سنانے کی فرمائش کی، مرزا نے شبلی کی ایک تازہ نظم سنانی شروع کر دی۔ شبلی نے ٹھوکا دیا تو چٹکی لے کر انہیں خاموش کر دیا۔ سالار جنگ نے ایک ہزار روپیہ انعام دیا۔ باہر نکل کر شبلی نے کہا، "یہ کیا حرکت تھی آپ کی؟" بولے، "تم سناتے تو تمہیں پھوٹی کوڑی بھی نہ ملتی، مجھے ہزار روپے تو مل گئے۔"

جب مولانا محمد علی اور خواجہ حسن نظامی کی چلی تو مرزا حیرت مولانا کے طرفداروں میں ہو گئے اور اپنے اخبار "درۂ عمر" میں خواجہ صاحب کے خلاف لکھنے لگے، ایک دن مرزا حیرتؔ اپنی دکان پر بیٹھے ہوئے تھے کہ ایک بدمعاش نے کسی بات پر جھگڑا کر کے ان پر ہاتھ چھوڑ دیا تھا۔ لوگوں نے بیچ بچاؤ کیا مگر اس کمبخت نے ایک جوتا ایسا کھینچ کر مارا کہ مرزا کے منہ پر لگا۔ اس دن کے بعد سے مرزا حیرتؔ نے دکان پر سامنے کے رخ بیٹھنا چھوڑ دیا۔ مرزا حیرتؔ کے انتقال کے بعد ان کا نایاب اور قیمتی کتب خانہ لال کنویں پر ایک کباڑیے کے ہاں برسوں کوڑیوں کے مول بکتا رہا۔

دلی کی یاد آئی تو دلی کی وضع دار ہستیوں کی یاد دل میں چٹکیاں لینے لگی۔ ان کا تذکرہ زلف یار کی طرح دراز ہی ہوتا چلا جاتا ہے، یا اسے شب فراق کی درازی سے مشابہ سمجھئے۔ آنکھیں اب ان صورتوں کو ڈھونڈتی ہیں اور ماضی کے دھندلکے میں نظریں بھٹک کر مایوس لوٹ آتی ہیں۔

وے صورتیں الٰہی کس دیس بستیاں ہیں
اب دیکھنے کو جن کے آنکھیں ترستیاں ہیں

***

دلی کے دل والے

"دلی کی دل والی، منہ چکنا پیٹ خالی۔" یہ جو مثل مشہور ہے تو اس میں بہت کچھ صداقت بھی ہے۔ روپے پیسے والوں کا تو ذکر ہی کیا؟ انھیں تو ہمہ نعمت چٹکی بجاتے میں مہیا ہو جاتی ہے۔ دلی کے غریبوں کا یہ حوصلہ تھا کہ نہوتی میں دھڑلے سے خرچ کرتے، کل کی فکر انہیں مطلق نہ ہوتی تھی۔ کوڑی کفن کو لگا نہیں رکھتے تھے۔ ان کا کہنا یہ تھا کہ جس نے دیا ہے تن کو وہی دے گا کفن کو۔ عجب دل والے اور بے فکرے تھے۔ لنگوٹی میں پھاگ کھیلتے تھے۔ تن کو نہیں لتہ، پان کھائیں البتہ۔ ذرا سی بات کے پیچھے لاکھ کا گھر خاک کر دیتے۔ گھر پھونک تماشہ دیکھنا انھیں خوب آتا تھا مگر ان کی کمائی میں برکت بھی ایسی تھی کہ پھر لہر بہر ہو جاتی۔

اماں بھٹیارے کی بھی کوئی اوقات ہے؟ بیٹی کی چھٹی میں سونے چاندی کی کھچڑی بھیجی تھی۔ چاندی کے چاول اور سونے کی دال۔ پہاڑ گنج کے ایک سادہ کار نے بیٹے کے بیاہ میں چاندی کی چتی ہوئی طشتریاں تقسیم کیں جن میں ایک ایک سونے کا پھول جڑا ہوا تھا۔ ان طشتریوں میں پاؤ پاؤ بھر کھوئے کے پیڑے، اوپر سے ایک ریشمی رومال بندھا ہوا۔ اسی برات میں بیٹی والوں نے میناکاری کی بیضوی ڈبیوں میں بُن دھنیا بانٹا تھا۔ سوئی والوں کے سقوں میں ایک شادی ہوئی تو ہزار کی پوری برادری کو دہرا کھانا کھلایا گیا۔ پھر بھنگیوں میں گھر گھر حصے بھیجے گئے۔ دو قسم کا سالن، میٹھے گھیئے کا اور قورمہ۔ شیر مال اور خمیری روٹی،

بڑی بڑی لاکھی رکابیوں میں بریانی اور زردہ۔ ایک ایک جوڑ فیرنی کا۔ ایک گھر میں اگر دس بیاہے ہیں تو دسوں کے دس حصے۔ انھیں دیکھ کر شہر آبادی کے تورے یاد آتے تھے۔ ہم نے تو تورے دیکھے نہیں، ہاں بڑی بوڑھیوں سے ان کا ذکر ضرور سنا ہے کہ ایک تورہ کم از کم بیس آدمیوں کے لئے کافی ہوتا تھا۔

سقے، کنجڑے، نائی، قصائی، کمیرے، ٹھیرڑے، قلعی گر، بٹیے، کندلہ کش، ورق کوب، سادہ کار، نیاریے، غرض سارے کرخندار اور دستکار اسی دریا دلی سے روپیہ خرچ کرتے تھے۔ اور تو اور ایک دفعہ ایک برات دیکھی۔ روشنی کے جھاڑ بے شمار، ان کے پیچھے انگریزی بینڈ باجہ، اس کے پیچھے نفیری کا ایک طائفہ، اس کے بعد ایک طوائف مع سفر دار، برات چند قدم چلتی اور رک جاتی۔ طوائف مبارکبادی کے دو بول گاتی، گت بھرتی، تھئی تھئی ناچتی، بیل لیتی، سلام کرتی اور برات آگے بڑھ جاتی۔ گہنا پہنے ہوئے نقرے پر ننھا سا دولہا سوار۔

دولہا کے پیچھے دولہا کے ابا، زری کی چھوٹی باڑھ کی گول ٹوپی سر پر، زربفت کی اچکن اور سفید ساٹن کا آڑا پاجامہ پہنے اسی گھوڑے پر سوار۔ دولہا کے گھوڑے کے پیچھے پالکی جس پر چمکتے دوپٹے پڑے ہوئے۔ آخر میں مسہری اور جہیز کی لنگتار، کھانچیوں میں چھچھاتے ہوئے برتن رکھے ہوئے۔ ہر دس قدم پر روشنی کا ایک ہنڈا۔ پالکی اور دولہا پر سے مٹھیاں بھر بھر کے ریز گاری کی بکھیر ہوتی جاتی ہے۔ کنگلے لوٹتے جاتے ہیں، ایک کے اوپر ایک گدا گد گر رہا ہے۔ یہ کسی کی برات نہیں چڑھ رہی۔ گڈے گڑیا کا بیاہ ہے۔ اس میں شادی بیاہ کی ساری رسمیں پوری کی جائیں گی۔ لاڈ پیار اور مان تان اولاد کا اتنا تو ہو۔

وہ دیکھئے، مٹیا محل کی طرف سے ایک برات آتی دکھائی دے رہی ہے۔ نفیری کی تانیں اڑ رہی ہیں۔ گھوڑے پر ایک صاحب مرغ زریں بنے بیٹھے ہیں۔ ان کے آگے ایک

بچہ ہے تین چار سال کا۔ سر پر سہرا بندھا ہے۔ بدن میں بدھی ہے۔ اماں یہ کیسی برات ہے؟ اجی حضنت، یہ برات نہیں ہے، بچہ گھوڑی چڑھا ہے۔ اس کی ختنہ ہوئی تھی۔ اچھے ہونے کی خوشی منائی جا رہی ہے۔ ختنہ کو دلی والے "مسلمانیاں" کہتے ہیں۔ صاحب زادے کی مسلمانیاں ہوئی ہیں۔ مسجد کو سلام کرنے جا رہے ہیں۔ یہ صاحب جو بچے کو گھوڑے پر لئے بیٹھے ہیں، ابا ہیں، پیچھے ڈولیوں میں اماں ہیں اور رشتے کنبے کی عورتیں ہیں۔ یہ طاق بھریں گی اور چاندی کے چراغ جلائیں گی۔ لو بھئی سنتوں سے ادا ہوئے، بھلا خوشی کیوں نہ منائیں، قرض دام بھی اللہ اتروا دے گا۔

چوہا بل میں سماتا نہیں دم سے باندھے چھاج! دلی کے غریبوں کے کھنڈلوں میں آدمیوں کے رہنے کے لئے بھی جگہ کم ہوتی تھی، کجا یہ کہ ان میں جانور بھی پالے جائیں؟ مگر شاید ہی کوئی گھر ایسا ہو جس میں دو چار جانور نہ پلے ہوئے ہوں۔ ہر گھر میں کبوتروں کے دس پانچ جوڑے ہوتے تھے۔ کبوتر بہت بے ضرر اور بھولا جانور ہے۔ اسی لئے اسے معصوم سمجھا جاتا ہے اور بعض لوگ تو اسے سید سمجھتے ہیں۔ یہ بھی کہا جاتا ہے کہ جس گھر میں کبوتر ہوتے ہیں، اس گھر میں بیماری نہیں آتی۔ گھٹے ہوئے گھروں میں ہوا کا گزر کہاں؟ کبوتروں کے اڑتے رہنے سے ہوا صاف ہوتی رہتی ہے۔ کبوتروں کا شوق اور کبوتروں کی مانگ بڑھی تو کبوتر بازوں نے نئی نئی نسلیں تیار کر لیں۔ چوک کی سیڑھیوں پر بائیں طرف ہر قسم کے کبوتروں کے ڈھیروں کھانچے اور پنجرے بھرے رہتے تھے۔ جو نسل آپ پسند فرمائیں مول تول کر کے لے لیں۔ بیسیوں قسم کے کبوتر ہوتے تھے، اب تو ان کے پورے سے نام بھی یاد نہیں رہے۔ چند نام یہ ہیں،

لال بند، جنگلا، سفیدا، پلکہ، تفتہ، کلپوٹیہ، کمبریا، تبولیہ، زرد پوٹیہ، لال بند کھیرا، سبز کھیرا، لال جوگیا، لال دیڑ، سبز ڈیڑ، کالا ڈیڑ، انجیریا دیڑ، امیری، زمیری، طاؤس، چوئے

چندن، کالا مکھی، سبز مکھی، اودھا مکھی، سفید لقا، سیاہ لقا، سبز لقا، یاہو سفید، یاہو چوٹی دار، بھانتا، لوٹن، شاور اہر رنگ کا، خال، لال، کالا، سبز، عنابی، کاسنی، بھورا، پٹیہ ہر رنگ کا، تابڑے، چتیلے، نقاب پوش، گلوئے لکھئی، گلوئے ہر رنگ کے، شیرازی گولے، گرہ باز، کابلی۔

ان میں سے بیشتر خوشنمائی کے لئے رکھے جاتے تھے اور چند اڑانے کے لئے۔ اڑنے والوں کی اڑانوں میں فرق ہوتا تھا۔ بعض ایسے ہوتے تھے جن کی ٹکڑیاں بنائی جاتی تھیں اور پورے جھلڑ کو ایسا سدھایا جاتا تھا کہ پر ابنا کر دور دور ہو آتے اور کسی اور ٹکڑی میں بھی گھل مل جاتے، مگر ایسے گردان ہو جاتے کہ ایکوں ایک اپنی چھتری پر واپس آ جاتا۔ اگر ان میں سے کوئی بھٹک کر دوسری ٹکڑی کے ساتھ چلا جاتا تو دوسری ٹکڑی والا اسے چپکے سے پکڑ لیتا۔ پہلی ٹکڑی والا اسے اپنی ہار سمجھتا اور ضرورت سمجھتا تو منہ مانگے دام دے کر دوسری ٹکڑی والے سے واپس لے آتا۔ ورنہ بھٹک جانے والے کبوتر کو اس لائق نہ سمجھا جاتا کہ اسے دوبارہ ٹکڑی میں شامل کیا جائے۔ جھوٹے کا اعتبار ہی کیا؟

بعض کبوتر ایسے ہوتے ہیں جو دیر تک اڑ سکتے ہیں۔ کبوتر باز انہیں طرح طرح کی غذائیں کھلا کر تیار کرتے ہیں۔ پھر آپس میں شرطیں لگ جاتی ہیں کہ صبح کو ایک ساتھ کبوتر اڑائے جائیں، جس کا کبوتر پہلے اتر آیا وہ ہارا۔ یہ کبوتر سارے سارے دن آسمان کا تارا بنے اڑتے رہتے اور دونوں وقت ملتے اترتے۔

ایک زمانے میں نامہ بر کبوتر بھی ہوتے تھے۔ ہمارے زمانے میں یہ کبوتر دلی میں نہیں تھے، البتہ جاپان کے ایک اخبار کے دفتر میں ان کا پنجرہ نظر آیا تھا۔ دریافت کرنے پر معلوم ہوا کہ یہ خبر رساں کبوتر ہیں۔ بعض رپورٹر اپنے ساتھ ان میں سے دو چار کبوتر لے جاتے ہیں اور جب کسی واقعہ کی اطلاع فوراً دینی ہوتی ہے تو ایک پرزہ لکھ کر کبوتر کے

پاؤں میں باندھ دیتے ہیں۔ کبوتر اڑ کر سیدھا اپنے اخبار کے دفتر پہنچ جاتا ہے۔ ٹیلیفون کے زمانے میں بھی جاپان میں خبر رساں کبوتروں سے کام لیا جاتا ہے۔ سنا ہے کہ کوئی شاہی کبوتر باز تھے۔ جب بادشاہ جمعہ کی نماز کو قلعۂ معلی سے مولا بخش ہاتھی پر سوار ہو کر بر آمد ہوتے تو شاہی کبوتر باز کبوتروں کی ٹکڑی کو اس خوبی سے اڑاتا کہ بادشاہ کے سر پر ان کا سایہ رہتا۔

خلیل خاں کا بھی قصہ مشہور ہے کہ فاختہ اڑاتے تھے۔ فاختہ کو ایک بہت کم عقل پرندہ سمجھا گیا ہے، اس لئے کہ اگر اسے اڑایا جائے تو پھر فاختہ اڑتی ہی چلی جاتی ہے، واپس نہیں آتی، مگر اگلے وقتوں میں کوئی صاحب خلیل خاں نامی تھے جنھوں نے فاختاؤں کو بھی کبوتروں کی ٹکڑی کی طرح اڑا کر دکھا دیا۔ یہ تو ہم نے بھی دیکھا ہے کہ ایک صاحب سبک سے ٹھیلے پر ایک پنجرہ پدڑیوں کا لے کر نکلا کرتے تھے۔ جہاں چاہتے پنجرہ کھول کر پدڑیوں کو اڑا دیتے اور جب چاہتے انہیں واپس بلا لیتے۔ یہ پدڑی وہی حقیر سی چڑیا ہے جس کے بارے میں کہاوت مشہور ہے کہ "کیا پدی اور کیا پدی کا شوربہ؟" یا ایک مثل اور ہے کہ "باپ نے نہ ماری پدڑی بیٹا تیر انداز۔"

بئے کے بارے میں جو مشہور ہے کہ اسے چھلّا دکھا کر چھلّا کنویں میں اچھال دیجئے۔ وہ اس چھلے کو پانی تک پہونچنے سے پہلے نکال لاتا ہے، یہ کوئی روایت نہیں ہے بلکہ حقیقت ہے اور ہم نے یہ ماجرا اکثر دیکھا ہے۔ بعض لوگوں نے بئے کو ایسا سدھایا تھا کہ اس کی چونچ میں ایک الائچی دے دی اور اشارہ کر دیا۔ بیا اڑ کر اس کے منہ میں الائچی دے آتا تھا جس کی طرف اشارہ کیا گیا ہو۔ فال نکالنے والے جو پٹریوں پر پنجرے لئے اور بہت سارے لفافے لگائے بیٹھے رہتے ہیں ان کے پنجرے میں بھی بیا ہی ہوتا ہے۔ بعض لوگوں نے اس کام کے لئے طوطے کو بھی سدھالیا ہے۔ طوطے تو تقریباً ہر گھر میں پالے

جاتے تھے۔ ٹوئیاں سے لے کر پہاڑی طوطے تک سب کو کچھ نہ کچھ بولنا سکھا دیا جاتا تھا۔ "مٹھو بیٹے۔ نبی جی بھیجو۔ حق اللہ پاک ذات اللہ" تو ہر طوطا کہنے لگتا تھا۔ کاکتوا بھی صاف صاف بولنے لگتا تھا اور سیٹی تو بڑے زور میں دیتا تھا۔

بلبل صرف لڑانے کے لئے پالے جاتے تھے۔ ان کی لڑائی بڑی خوبصورت ہوتی ہے۔ لڑانے کے لئے کٹیرے بھی پالے جاتے تھے۔ انہیں گل دم بھی کہتے تھے۔ بٹیر تھیلیوں میں بند رہتے تھے۔ بٹیر بازوں کو جب بھی فرصت ملتی بٹیر کو مٹھی میں لے لیتے اور پان کی پیک سے اس کا سر رنگتے رہتے۔ شرطیں بد کے بٹیروں پر پالیاں جمائی جاتیں۔ جب آر پار کشتی دیکھنی ہوتی یعنی ایسی جس میں دو میں سے ایک زندہ رہ جائے تو بٹیروں کے پنجوں میں چھوٹے چھوٹے چاقو کے پھل باندھ دیے جاتے۔ چونچیں ملتیں اور لاتیں چلتیں، یہاں تک کہ ایک لات ایسی پڑتی کہ دوسرے کا پوٹا پھٹ جاتا۔ اس پر بھی زخمی بٹیر لڑے جاتا تھا تا آنکہ بے دم ہو کے گر جاتا۔

لڑائی تو مرغوں کی ہوتی تھی اور مرغوں میں بھی اصیل مرغ کی۔ یہ عجیب بے ہنگم مرغ ہوتے تھے۔ بڑے قد آور، گنجے آدمی کی طرح بے بال و پر۔ کلغی غائب، لمبی لمبی ٹانگیں، ان کی لات اتنی زور دار ہوتی تھی کہ کسی اچھے خاصے آدمی کے پڑ جائے تو ہڈی ٹوٹ جائے۔ کانڑے مرزا کو اکثر دیکھا کہ مرغ بغل میں دبائے چلے جا رہے ہیں۔ لوگ کہتے تھے کہ مرزا کے باپ بھی بڑے مرغ باز تھے۔ کانڑے مرزا چند مہینے کے تھے کہ ان کی اماں انہیں کھٹولی پر لٹا کر کسی کام سے دالان میں چلی گئیں۔ کچھ ہی دیر گزری ہو گی کہ ایک دم سے بچے کے بلبلا کر رونے کی آواز سنائی دی۔ جلدی جلدی آ کر جو دیکھا تو دیکھا کہ بچے کا چہرہ لہولہان ہو رہا ہے اور ایک آنکھ غائب ہے۔ پاس ہی مرزا صاحب کا اصیل مرغ کھڑا دوسری آنکھ پر تاک لگا رہا ہے۔ ان کے تو ہاتھوں کے طوطے اڑ گئے۔ "ہے ہے میرا

بچہ" کہہ کر بچے کو سینے سے لگالیا اور سر پر برقعہ ڈال ننگے پاؤں ہی محلے کے جراح کی دکان پر جا پہونچیں۔ مرغ نے ایک ڈھیلا پورا نکال کر نگل لیا تھا۔ وہ تو اللہ نے بڑی خیر کی جو دوسری آنکھ بچ گئی۔ مرزا صاحب کی بیوی ذرا چوک جاتیں تو دوسرا ڈھیلا بھی گیا تھا۔ اب تو مرزا کانڑے ہو کر جی گئے جو اندھے ہو جاتے تو کیا ہوتا؟

اگن یا ہزار داستان پالنے کا بھی دلی والوں کو بہت شوق تھا۔ ان کے پنجروں پر بستنیاں چڑھی رہتیں۔ جب اگن چہکتا تو گھنٹوں اس کی چہکار سنی جاتی۔ ہزاروں بولیاں بولتا تھا، اسی لئے ہزار داستان کہلاتا تھا۔ چوک پر اگن بکنے آتے تھے۔ ان کے پنجروں پر کیکری کٹاؤ کے غلاف چڑھے ہوتے تھے۔ شوقین مزاج لوگ بڑی بڑی قیمتیں دے کر خرید لے جاتے تھے۔

کلکتہ کی کالی مینا جو بنگالے کی مینا اور آغا مینا بھی کہلاتی تھی، طوطے سے زیادہ صاف بولتی تھی اور زیادہ باتیں سیکھ جاتی تھی۔ اس کا بولنا بڑا بھلا لگتا تھا۔ چھوٹے بچے جب پیاری پیاری باتیں کرنے لگتے تو دلی کی عورتیں انہیں پیار سے "میری آغا مینا" کہہ کر ان کا منہ چوم لیتی تھیں۔

لال اور چیتیاں بھی اکثر گھروں میں ہوتی تھیں۔ ان کی چہکار ایک خاص وضع کی ہوتی تھی۔ دلی والے کہتے تھے کہ یہ صمٌ بکمٌ تلاوت کرتے رہتے ہیں اور اس سے گھر میں برکت رہتی ہے۔

دستکاروں میں سے اکثر کو تیتر پالنے کا شوق ہوتا تھا۔ دو جڑواں پنجرے ہوتے تھے۔ ایک میں نر اور دوسرے میں مادہ۔ صبح شام انہیں دیمک چگانے اور ہوا کھلانے شہر سے کہیں باہر لے جاتے تو باری باری سے انھیں کھولتے۔ دونوں کو ایک ساتھ نہیں کھولتے تھے۔ ایک کے بولنے پر دوسرا بھاگا چلا آتا تھا۔ یہ بھورے تیترے ہوتے تھے۔

کالا تیتر دیکھنے میں بھی بڑا خوبصورت ہوتا تھا۔ اس کی چہکار گورے تیتر سے مختلف ہوتی تھی۔ اس کی لگی بندھی آواز کو لوگوں نے طرح طرح کے معنی پہنا لئے تھے۔

دودھ بیچنے والے کہتے، یہ کہتا ہے، "شیر دارم شکرک۔"

بنیا کہتا ہے، "نون تیل ادرک۔"

ہندو کہتے، یہ کہتا ہے، "سیتا، رام دسترتھ۔"

بھورے تیتر کے بارے میں بھی روایت مشہور تھی کہ کہتا ہے، "پدرم سلطان بود۔" دوسرا اس کے جواب میں کہتا ہے، "ترا چہ؟ ترا چہ، ترا چہ؟" غرض جتنے منہ اتنی باتیں۔ سب اپنے اپنے مطلب کی سوچتے ہیں۔ چلو میاں کرخندار اپنی سنجوگی اٹھاؤ اور گھر کی راہ لو۔

شکاری پرندے پالنے کا بھی دلی والوں کو شوق تھا۔ بہری اور شکرے کو چمڑے کا دستانہ پہنا کر کلائی پر بٹھالیا جاتا تھا۔ شکرے کی آنکھوں پر ٹوپی چڑھی رہتی تھی۔ جب شکار کرنا ہوتا تو ٹوپی آنکھوں پر سے اتار دی جاتی اور شکار کی سمت میں اسے اڑا دیا جاتا۔ پلک جھپکتے میں شکرا اپنے شکار کو دبوچ کر بیٹھ جاتا تھا۔ شہ باز کو ایسا سدھایا جاتا کہ خرگوش کو پکڑ لیتا تھا۔ شاہی زمانے میں سنا ہے کہ ایسے بھی شکاری پرندے ہوتے تھے جو جھپٹ کر ہرن کی آنکھیں پھوڑ ڈالتے تھے۔ ہرن اندھا ہو کر چوکڑی بھول جاتا اور شکاری دوڑ کر اسے پکڑ لیتے۔

دلی والوں کو چوپایوں میں سے بھیڑے اور دُنبے پالنے کا بہت شوق تھا۔ دودھ پیتا بچہ لے کر پالتے تھے۔ روزانہ اسے کھلانا پلانا، نہلانا دھلانا، صبح شام اسے پھرانا، چارے میں جئی اور بونٹ کے پودے سُتلی سے باندھ کر دیوار میں لٹکا دیے جاتے۔ دانا ضرور کھلاتے تھے، چاہے خود کھانے کی استطاعت نہ رکھتے ہوں مگر جانور کو ضرور کھلاتے۔

بکرے اور بھیڑے کو خصی کروا دیتے تھے۔ اس سے جانور کا قد بھی نکل آتا تھا اور جسم میں چربی بھی بڑھنے لگتی تھی۔ دُنبے تو اس قدر فربہ ہو جاتے اور ان کی چکتیاں اتنی بھاری ہو جاتیں کہ اس بوجھ کو لے کر چلنا ان کے لئے ناممکن ہو جاتا، لہٰذا ہلکی پھلکی دو پہیوں کی چھوٹی چھوٹی گاڑیاں بنوائی جاتیں جن پر ان کی چکتیاں رکھ دی جاتیں، تب کہیں ان کی پھرائی ممکن ہوتی۔

ان کی ادن ذرا بڑھی اور کٹوائی گئی۔ جب یہ جانور جوان ہوتے تو دیکھنے دکھانے کے لائق ہوتے۔ چکنے ایسے کہ مکھی بیٹھے تو پھسل جائے۔ چھانٹ کر سفید رنگ کے لئے جاتے تھے۔ ان پر مہندی سے گل بوٹے بنائے جاتے۔ ان کے گلوں میں رنگ برنگے موٹے موٹے منکوں کی مالائیں اور پیتل کی گھنٹیوں کے ہار پہنائے جاتے۔ کئی سو روپے ایک ایک جانور پر لگ جاتے۔ یہ جانور بیچنے یا نفع کمانے کے لئے نہیں، بقر عید اور شادی بیاہ کے لئے پالے جاتے تھے۔

بکری یا گائے بھینس پالنے کا رواج دلی والوں میں نہیں تھا۔ دودھ دہی سستا اور اعلیٰ درجے کا بازاروں میں مل جاتا تھا، لہٰذا ان جانوروں کا پالنا علت سمجھا جاتا تھا۔ ہر محلے کے قریب گھوسی بستے تھے۔ اپنے سامنے ان سے دودھ نکلوا لیا جاتا۔ دودھ ایسا گاڑھا ہوتا تھا کہ اس میں سیک کھڑی کر لو۔

دلی کے مہتر مینڈھے پالتے تھے اور انہیں دلی والوں ہی کی طرح تیار کرتے۔ بعض دفعہ یہ تیار ہو کر اس قدر خوفناک ہو جاتے تھے کہ ایک آدمی کے بس کے نہیں رہتے تھے۔ گلے کے پٹے میں دوطرفہ باگ ڈور ڈال کر دو آدمی لے کر انھیں نکلتے تھے۔ یہ جانور لڑانے کے لئے پالے جاتے تھے۔ بڑی بڑی شرطیں لگائی جاتی تھیں اور ان کی ٹکریں دیکھ کر دل لرز جاتا تھا۔

دلی کے دستکاروں کو گھوڑا اور رہڑی رکھنے کا شوق تھا۔ بعض پیشوں میں اس کی ضرورت بھی ہوتی تھی۔ مثلاً قصائیوں کو کمیلے سے راسیں لانے کے لئے مگر زیادہ تر رہڑیاں محض نمود کے لئے رکھی جاتی تھیں۔ رہڑی ایک کھلا ہوا اونچا سا دو پہیہ ہوتا تھا۔ بیٹھنے کی ہموار مستطیل جگہ کے چاروں طرف بالشت بھر اونچا جنگلا لگا ہوتا تھا۔ اس میں چار چھ آدمی بیٹھ سکتے تھے۔ دن بھر کے کام دھام سے فارغ ہونے کے بعد گھر آئے، نہائے دھوئے، اجلے کپڑے پہنے اور یار دوستوں کو ساتھ لے کر کسی طرف سیر سپاٹے کو نکل گئے۔ نظام الدین، اوکھلا، قطب صاحب کی سڑک اچھی تھی اور اس پر بھیڑ بھڑکا بھی نہیں ہوتا تھا۔

دلی دروازے سے نکلنے کے بعد کوشش یہی ہوتی تھی کہ ہم سب سے آگے نکل جائیں، کوئی اور ہم سے آگے اپنی رہڑی نہ نکالنے پائے۔ چنانچہ ان منچلوں میں دوڑیں لگ جاتیں، راسیں ڈھیلی چھوڑ دی جاتیں اور گھوڑے ہوا سے باتیں کرنے لگتے۔ جب کوئی رہڑی برابر سے ہو کر آگے نکلنے لگتی تو جیتنے والے خوشی سے "پیری ہے بے پیری" کے نعرے لگاتے اور منہ سے ہاتھ لگا کر عجیب عجیب آوازیں نکالتے۔ جو پھسڈی رہ جاتا وہ کھسیانا ہو کر اپنے گھوڑے کی کھال ادھیڑنے لگتا مگر وہ بیچارہ اپنی بساط سے زیادہ آخر کیسے بھاگے؟ لہٰذا مالک بھی "تھوبے" کہہ کر راسیں کھینچ لیتا۔ زندہ دل لوگ ایسی شکست سے بد دل نہیں ہوتے، یار زندہ، صحبت باقی، پھر سہی۔

* * *